ちくま新書

明智光秀と本能寺の変

渡邊大門
Watanabe Daimon

1426

明智光秀と本能寺の変【目次】

イラスト＝谷野まこと

はじめに

天正《てんしょう》十年（一五八二）六月二日、織田《おだ》信長《のぶなが》は明智《あけち》光秀《みつひで》の急襲により、自害に追い込まれた。本能寺の変である。光秀が信長に叛旗《はんき》を翻した理由については、未だに不明な点が多く、本能寺の変は日本史史上最大のミステリーといわれている。

謎が多いのは本能寺の変だけではない。光秀の生涯も同じである。

明智光秀

光秀の生涯が明らかなのは、後半生のわずか十数年に過ぎない。どこでいつ生まれたのかもはっきりせず、若き頃の姿は後世に成った史料にしかあらわれない。光秀の前半生に謎が多いことは、本能寺の変のミステリー性を際立たせている。

本書は光秀の生涯を軸としながら、信長、足利《あしかが》義昭《よしあき》、朝廷などの動向を交えつつ、本能寺の変に至る経過および結果を述べたものである。

その際、もっとも注意したのは、史料の問題である。史料には、同時代に作成された一次史料（古文書―書状など、記録―日記など）、そして後世に編纂された二次史料（軍記物語、系図、家譜など）がある。歴史研究では一次史料を重視し、二次史料は副次的な扱いになる。二次史料を使用する際は、史料批判を十分に行う必要がある。

ところが、こと本能寺の変に関しては二次史料への批判が甘く、特に歴史史料に適さない二次史料であっても、「この部分だけは真実を語っているはずだ」という思い込みで、安易に使用される例が散見される。

これに伴って難しい問題なのが、史料の誤読である。人間のやることなので誤りはやむを得ないが、明らかに解釈を間違っていて人から指摘されても、誤読した状態のままで押し通す例も見られる。

もっとも重要な問題は、首を傾げたくなるような論理の飛躍や、推論に推論に重ねた暴論である。満足な史料的な裏付け、あるいは状況証拠による蓋然性《がいぜんせい》がないにもかかわらず、突拍子もない論理展開で新説を導き出す例が見受けられる。結論が奇抜であればあるほど、世間的には「おもしろい！」と受け入れられてしまう現状がある。

二次史料の批判の甘さ、史料の誤読、論理の飛躍、推論を重ねた暴論を行うのは、自説を有利に運ぶためだろう。当然、読者は歴史研究の専門家ではないので、それが正しいのか誤りなのかはわからない。

本書は二次史料に対しては、やや辛口である、光秀の前半生については二次史料を使わざるを得なかったが、従来説とは異なった見解を示している。また、随所に史料解釈の相違や従来説への批判を提示した。その点に留意しながら、読み進めていただけると幸いである。

京都府
亀山城
本能寺
坂本城
安土城
滋賀県
山崎
大坂本願寺
大阪府

明智光秀関連地図

第一章　本能寺の変の勃発

†光秀、決起する

最初に、本能寺の経過を確認しておこう。

天正十年（一五八二）六月一日、丹波《たんば》亀山城（京都府亀岡市）に戻った明智光秀は、織田信長に対して謀叛を起こすことを決意した（以下、『信長公記《しんちょうこうき》』）。光秀は重臣の明智秀満《ひでみつ》、斎藤利三《としみつ》、明智次右衛門《じえもん》、藤田伝五《でんご》、三沢（溝尾《みぞお》）秀次《ひでつぐ》と談合を行い、①信長を討ち果たし、「天下の主」となるべく調儀（計画）をしっかり行うこと、②中国へは三草《みくさ》山（兵庫県加東市）を越えるところを引き返し、東に進路を向けて老ノ坂《おいさか》（亀岡市と京都市西京区の境）を上って、山崎（京都府大山崎町）から出征することを諸卒に伝え、談合者（明智秀満ら五人）が先手となること、などを決定した。

①は、光秀が謀叛を決意したことを受けて、これから「天下の主」となるべく慎重にことを運んで行きたいという意思表明である。「天下の主」とは、信長と同様に畿内《きない》および周辺を支配することで、自らが「天下の主」となり、信長の代わりを務めるという意である。②は、その後の本能寺襲撃を早々に配下の兵卒に公表せず、談合者（光秀重臣）を先頭に立てて、京都への進路変更をしやすくしようとしたと考えられる。早い段階で信長の討伐を明らかにすれば、兵卒に動揺が広がり、逃げだす者が出る可能性もある。情報漏洩の問題もあったに違いない。それゆえ、ギリギリまで公表を控えたと考えられる。

同年六月一日夜のうちに、明智軍は亀山城を出発した。明智軍は、一万余の軍勢であった（二万という説もある）。軍勢は備中《びっちゅう》へ向かう西のルートの三草山に進路を取らず、山城と丹波の国境の老ノ坂を越えて、沓掛《くつかけ》（京都市西京区）で休息を取った。ここから南へ行けば西国街道のルートとなり、東へ行けば京都に至る。光秀の軍勢は、東の道に進路を取ると、桂川《かつらがわ》を越えて京都への道を進軍した。この頃には翌二日の明け方になっており、いよいよ本能寺（京都市中京区）へ向って、光秀の軍勢は大きく舵を切ったのである。

†炎上する本能寺、信長の最期

同年六月二日早朝、ついに一万余の光秀の軍勢が本能寺を襲撃した。信長も小姓衆も下々の者たちの喧嘩と考えたが、どうもそうではなかった。彼らは鬨《とき》の声《こえ》をあげ、本能寺に鉄砲を撃ち込んできたのである。どう考えても戦闘の始まりだった。信長は、「いかなる者の企てか？」と小姓《こしょう》の森蘭丸《らんまる》に尋ねた。蘭丸が「明智の者と思われます」と答えると、信長は一言「是非に及ばず」とだけ声を発したといわれている。

織田信長

信長は武器を取って自ら奮戦したが、しょせんは多勢に無勢である。最初、信長は自ら弓を取って、矢を二、三度放ったという。しかし、しばらくすると弓の弦《つる》が切れたので、今度は槍を手に取って戦った。信長は二条御所を天正七年（一五七九）に誠仁《さねひと》親王に譲ったあと、本能寺を京都の宿所に定め、城郭造りに改修をしていた。これにより籠城戦に耐えられるはずだったが、光秀の急襲は予想すらしていなかっただろう。

信長の小姓衆は、主人を守るため奮闘した。信長は肘に槍で傷を負うと引き下がり、女中たちに退去を命じた。すると信長は殿中の奥深くに入り、内側から納戸《なんど》を閉じると、自害したのである。享年四十九。その後、本能寺は炎上した。戦死したのは、森蘭丸ら小姓衆、中間衆《ちゅうげん》など、五、六十人におよんだと伝わっている。

フロイスの『日本史』は、信長の最期について違った書き方をしている。明智軍は御殿の門に到着すると守衛を殺したが、本能寺では誰もが光秀の謀叛を疑う者がおらず、抵抗する者すらいなかったという。明智軍は寺内へあっさり入ると、手と顔を洗い終わり、手拭いで体を拭く信長を発見した。兵卒が信長の背中に矢を放つと、信長は矢を引き抜いて、薙刀《なぎなた》で防戦した。その後、信長は手に銃弾を受けると、奥の部屋に入って戸を閉じたという。

結局、信長は炎に包まれたのであるが、『日本史』はどのように死んだのかは不明とする。そのうえで、誰もが戦慄を覚えた信長の毛髪、骨などはすべて灰燼《かいじん》に帰《き》し、信長に関するものは何も残らなかったと記す。フロイスは信長に対して、あまりいい感情を持っていなかったので、以上の記述はフロイスの個人的な見解が多分に含まれている可能性がある。

†信忠の戦死

明智軍は信長を討ち果たすと、次に嫡男・信忠《のぶただ》の宿所である妙覚寺（京都市中京区）に移動した。明智軍の本能寺への急襲を知った信忠は、信長とともに戦おうと考えていた。

同じ頃、本能寺前に邸宅を構える村井貞勝《さだかつ》は、子息（貞成《さだなり》・清次《せいじ》）から本能寺が焼け落ちたこと、やがて明智軍がここへ来るであろうとの報告を受けた。このとき信忠は安土城（滋賀県近江《おうみ》八幡《はちまん》市）へ逃れればよかったのであるが、もはや難しいと覚悟し、逃げる途中に雑兵の手にかかるならば、ここで切腹したほうが良いと決断した（『信長公記』）。信忠にとっても、光秀の謀反は青天《せいてん》の霹靂《へきれき》だったが、明智軍は移動に少々手間取ったらしい。

その後、村井貞勝の進言によって、信忠は堅固な構えの二条御所（京都市中京区）へと移動した。二条御所は誠仁親王の居所なので、十分な武器を用意していなかったが、京都市中に宿泊していた信忠配下の武将たちは、二条御所に馳せ参じた。この頃すでに、明智軍は二条御所を包囲していたという。二条御所には誠仁が滞在していたが、難を避けるために避難させた。誠仁は光秀に使者を遣わして、切腹すべきか否かを尋ねた。これに対して、光秀は何ら指示することなく、誠仁に馬や駕籠《かご》に乗らず二条御所を出るよう希望したという。

織田信忠

光秀の挙兵の一報を受けた勧修寺晴豊《かじゅうじはれとよ》は、ただちに二条御所に駆け付けたが、すでに二条御所は明智軍に包囲されていた。ほかの公家たちも駆け付けていたという。晴豊は二条御所のなかに入ろうとしたが、それは断られた。やむなく晴豊は二条御所から去り、内裏《だいり》へ行って状況の報告を行った（『日々記』）。こうして二条御所での戦いが開始された。

光秀軍は一万余の軍勢であったが、信忠軍はわずか数百の兵力で、満足に武器もなかったという。戦闘は一時間余も続き、明智軍は二条御所近くの近衛前久《このえさきひさ》の屋敷の屋根から、鉄砲を撃ちこんだ。さらに明智軍は二条御所に乱入して火を放つと、信忠方の兵卒は焼死する者が続出した。信忠も自ら武器を取って戦ったが、銃弾や矢を体に数多く受け、最後には覚悟して切腹をした。介錯《かいしゃく》を務めたのは、鎌田新介だったという（『信長公記』）。同年六月二日の六時頃にはじまった本能寺の変は、おおむね九時頃に終了したと考えられている。わずか三時間余の戦いで、光秀は信長を討つという本懐を成し遂げたのである。

†光秀に仕えた惣右衛門の回想

明智軍に従軍した兵卒は、本当に信長討伐の計画を知らなかったのであろうか。明智軍に従った本城惣右衛門《ほんじようそうえもん》が晩年に書き残した『本城惣右衛門覚書』（天理大学附属天理図書館所蔵）には、この間の経緯が詳しく述べられている。惣右衛門が本能寺を急襲したとき、門が開いて広間は静かだったこと、捕らえた女性から信長が白い着物を着ていたと聞いたことも書かれている。かなり細かい情報である。

最初、惣右衛門は備中高松城（岡山市北区）の秀吉のもとに出陣すると聞かされていたので、急に進路変更になったことを疑問に思ったに違いない。行軍中の惣右衛門は、老ノ坂から山崎方面に行くと思っていたが、行き先が京都であると知らされ、当時上洛していた徳川家康を襲撃すると思ったという。まさか光秀が主君の信長を討つとは考えがおよばず、家康を討つのではないかと思ったのである。ただ惣右衛門は、本能寺のことも知らないうえに、単に斎藤利三の息子のあとをついて行っただけであると証言している。

この史料を根拠にして、光秀が本当に討つ予定だったのは信長ではなく、家康だったという説もあるが、信長が家康を敵視する理由が見つからない。戦国史家の平野明夫氏によると、もともと信長は永禄十一年（一五六八）九月の上洛時における将軍・足利義昭の要請に基づき、家康に出陣を依頼しており、当初は家康と領土協定を結ぶだけの対等な関係にあったという。しかし、天正三年（一五七五）の長篠の戦い以降、家康は信長の配下となり、軍事動員されるようになった。同時に家康は、信長が領土拡大戦争を行ううえで、貴重な戦力だったと指摘する（平野：二〇一四）。信長が家康を討つ理由などなく、かえってデメリットのほうが大きいのである。

『本城惣右衛門覚書』は、本能寺の変前後の状況をリアルに再現していることで、注目を浴びた。全文は天理図書館報『ビブリア』五七号に紹介されているが、本能寺の変の部分については、『真説　本能寺の変』（集英社）にも翻刻されている。この史料は一兵卒の当時の気持ちが率直に綴られていることで特筆に値するが、その記述を全面的に信用するわけにはいかないだろう。それは惣右衛門自身が思っていたことで、明智軍のほかの兵卒がすべてそう思っていたのか断言できないからである。

一般的に、覚書は子孫のために自身の経歴や軍功を書き残したもので、晩年に至って執筆することが多い。一種の回想録である。したがって、記憶の誤りや単純な間違い、あるいは自らの軍功を顕示《けんじ》するための誇張などが含まれていることもある。『本城惣右衛門覚書』は、寛永《かんえい》十七年（一六四〇）に成立した。本能寺の変ののち約六十年を経て書かれている。記憶違いや何らかの意図がなかったのかなど、検証すべき点は多い。

いずれにしても、光秀に従った多くの兵卒は惣右衛門と同じく、いったい何のために京都に向かうのかわからなかったかもしれない。ましてや、信長が本能寺に滞在していることなどは、上層部の家臣しか知らなかったことだろう。ただ言えることは、最終的に信長を討つという光秀の命令には、従わざるを得なかったということである。

†斎藤利三の活躍

本能寺の変で活躍した人物としては、光秀の重臣・斎藤利三がいる。『言経卿記《ときつねきょうき》』天正十年（一五八二）六月十七日条には、「今度謀叛随一也」と利三のことを評価している。この評価をめぐっては、利三が本能寺の変の中心人物であったかのように考える向きも多い。ただ、この史料を素直に読むと、本能寺の変での活躍が際立っていた、と解釈するのが妥当なようである。しかし、別の記録を読むと、前者であることも否定できない。

『晴豊公記《はれとよこうき》』天正十年六月十七日条には、「済（斎）藤蔵助ト申者明智者也。武者なる者也。かれなと信長打談合衆也。いけとられ車にて京中わたり申候」と書かれている。これは、利三が山崎の合戦後に生け捕られたときの記述であるが、「信長打談合衆」と書かれているので、本能寺の変の中心人物だったという噂が広がっていたのかもしれない。

利三については、本能寺の変に積極的に関与したと思しき二次史料が残っている。次に、二つの史料を挙げておこう。

『元親記《もとちかき》』――扨《さ》て、斎藤内蔵助（利三）は四国の儀を気遣に存ずるによってなり。明智殿謀叛の事差急がれ、既に六月二日に信長卿御腹めさるゝ。

『長曾我部譜《ちょうそかべふ》』――四国違変によりて、斎藤（利三）殃《わざわ》ひがその身に及ぶを思ひ、明智をして謀叛せしめんと存ず。

利三は光秀とともに長宗我部氏との取次（仲介役）を担当していたが、信長による四国政策の変更によって、かえってその身が危うくなったという説がある。右の二つの史料には、危うくなった利三が主君の光秀をもってして、本能寺の変を起こさせたと書かれている。いずれも長宗我部方の二次史料であり、この記述を裏付けるだけのたしかな史料はない。なお、信長の四国政策に関しては、第六、第七章で取り上げる。

このようにして本能寺の変は成功し、光秀は信長を討つという本懐を遂げた。その背景には、何があったのか。光秀の生涯をたどりながら考えてみよう。

第二章

光秀の出自と前半生

†謎の男・明智光秀

明智光秀の生涯、特に前半生については謎が多い。光秀に関する諸系図を見ると、名門の土《と》岐《き》明智氏の系譜に連なっているが、明確な根拠はない。父の名前も系図によって一致せず、バラバラである。何よりも、若き光秀の痕跡を示す一次史料がないのである。

光秀の人物像も二分される。現在、光秀の肖像画として残っているのは、大阪府岸和田市の本徳寺に所蔵されるものだけである。その顔立ちはどことなく気品があり、インテリの趣を漂わせている。体格も細く、ごつごつとしていない。後年、主君の織田信長の指示を受け、各地を転戦した強者とは思えないような線の細さである。

光秀にインテリのようなイメージがあるのは、彼が連歌に親しんでいたからだろう。本能寺の変の意思表明とされる『愛宕百韻《あたごひやくいん》』の光秀の発句（「ときは今　あめが下知る　五月かな」）は有名であり、これまでもさまざまな解釈がなされてきた。信長は青年期に破天荒だった印象が強いため、いっそう光秀の物静かな佇《たたず》まいが強調されているのかもしれない。一方で違った評価もある。ポルトガルからやって来たイエズス会の宣教師のルイス・フロイスは、その著『日本史』のなかで非常に悪賢く狡猾な光秀像を提示している。それは、光秀のインテリ、線が細い優男というイメージを覆すのに十分である。どうして、こうも対照的な光秀像が描けるのだろうか。

明智光秀に関する一次史料で圧倒的に多いのは、信長に仕えて以降である。一方で、光秀に関する二次史料は、前半生の記録を含めて少なからずある。特に、本能寺の変にまつわるユニークな逸話は二次史料に書かれたもので、明確な裏付けとなる一次史料がなく、混乱をもたらしている。

史料は大別すると、一次史料と二次史料があるが、研究で根本に据えて用いるのは一次史料である。一次史料は、同時代に発給された古文書あるいは日記、金石文《きんせきぶん》などを指す。史料としての価値は高い。二次史料は系図、家譜、軍記物語など、後世になって編纂されたものである。

素材は文書、口伝《くでん》などであり、作成者の創作が入ることも珍しくない。二次史料は作成された意図（先祖の顕彰など）が反映されていることなどから、史料的な価値は劣る。ただし、年代記として、かなり正確に記述されたものもある。『信長公記』は、その代表だろう。

歴史研究では一次史料に拠ることを基本原則とし、二次史料は副次的な扱いとする。とはいえ、一次史料の記述についても間違えている可能性があるので、ほかの関連する史料と突き合わせ、内容の検討をするなどの慎重さが必要である。特に、偽文書には注意しなくてはならない。また、文書の原本が失われ、写ししかない場合も、内容に不審な点がないかを多方面からチェックする必要がある。

二次史料に辛い点数をつけたが、まったく価値がないわけではない。作成された政治的・社会的・文化的な背景を考慮し、史料批判を行って用いることもある。その場合、成立年が早いとか（当該事件が終わってから早い時期に成立）、伝統ある名家に伝わるものだからという理由で、信憑性が高まるわけではない。あくまで内容の吟味が重要である。いずれにしても、安易に用いるべき史料ではないのはたしかである。以下、光秀の出自について検討するが、併せて可能な限り史料の性格をわかりやすく解説することにしたい。

†土岐氏と明智氏

一般的に光秀は、美濃《みの》の名門一族である土岐氏の流れを汲む、土岐明智氏の出身といわれている。土岐氏は清和源氏・源光衡《みつひら》の末裔であり、鎌倉時代に美濃国土岐郡に本拠を構えた。以降、土岐氏は美濃に勢力を拡大し、室町幕府が成立すると美濃国に守護職を与えられ、三管四《し》職《しき》家（管領または侍所の所司になれる家柄）に準じる扱いを受けた。土岐氏は侍所の所司を務めたことがあり、十四世紀中後半の土岐頼康《よりやす》の代には、尾張・美濃の守護も兼ねた。ところが天文十一年（一五四二）、当主の頼芸《よりあき》は配下の斎藤道三《どうさん》によって美濃から追放された。これにより土岐氏は事実上滅亡したものの、名族にふさわしい家柄である。

土岐明智氏は土岐氏の支族で、室町幕府の奉公衆の一員でもあった。奉公衆は室町幕府における御目見《おめみえ》以上の直勤御家人で、五番（五つの部隊）に編成されていた。日常は番の隊長である番頭のもとで、御所内の諸役や将軍御出の供奉《ぐぶ》などを務め、戦時には将軍の親衛隊として出陣する直属の軍事力でもあった。後年、信長に仕え重用された光秀にとっては、相応な出自といえるのかもしれない。

奉公衆の名簿である『文安年中御番帳』には外様《とざま》衆として「土岐明智中務少輔《なかつかさしょうゆう》」の名を、『東山殿時代大名外様附』にも同じく外様衆として「同（土岐）中務少輔」の名を、三番衆として「土岐明智兵庫助」の名をそれぞれ確認することができる。『常徳院御動座当時在陣衆着到』にも「土岐明智兵庫助」の名が記載されている。このような史料的根拠から、土岐明智氏が奉公衆あるいは外様衆だったのは明らかである。

外様衆の役割は不明な点が多いものの、有力守護の支族が名を連ねている点を考慮すれば、相当な格式と地位だったと考えられる。何といっても、外様衆は将軍の直臣でもある。明智氏は土岐氏の支族であるがゆえに、外様衆に加えられたのであろう。赤松氏、佐々木氏といった守護家は、庶流が奉公衆に加えられていた。奉公衆は将軍の直臣という意味で、家格としては守護と同等だったのである。土岐明智氏の名は、おおむね十四世紀半ばから十五世紀の終わりにかけて、多くの一次史料で確認することができる。その本拠地は美濃国だった。

明智家系図と光秀の父

光秀の父はどのような人なのだろうか。その点は、数多くの明智氏の系図に触れられている。次に、代表的な系図を挙げることにしよう。

①光綱《みつつな》――『明智系図』(『系図纂要』所収)、『明智氏一族宮城家相伝系図書』(『大日本史料』一一―一所収)。

②光隆《みつたか》――『明智系図』(『続群書類従《ぞくぐんしょるいじゅう》』所収)、『明智系図』(『鈴木叢書《そうしょ》』所収)。

③光国《みつくに》——「土岐系図」(『続群書類従』所収)。

右の系図によると、光秀の父の名は、①光綱とするもの、②光隆とするもの、③光国とするもの、の三つに分かれており確定していない。そうなると、光秀の父の名前が一次史料に登場するかがカギとなるが、彼ら三人のうち一人でも登場する一次史料は、管見《かんけん》の限り見当たらなかった。裏付けとなる一次史料がない以上、三人のうち誰が光秀の父であるかを考えても、正確な結論に至るとは思えないので、あまり意味のある作業といえない。

史上に突如としてあらわれた人物の場合、意外に父祖の名前が判然としないケースが多い。系図によってこれだけ光秀の父の名前が違うのだから、その背景を改めて検証する必要がある。右に掲出した『明智系図』のうち、『続群書類従』所収の『明智系図』には、上野沼田藩の土岐氏に伝わる「土岐文書」の写しが書き写されている。このように系図や家譜類に古文書が記載されていることは珍しくなく、系図の信憑性を高めることになる。

『明智系図』と「土岐文書」などを照合すると、光秀の祖父にあたる頼典《よりのり》とその弟の頼明《よりあき》までの存在を一次史料で確認できるが、光秀の父の光隆は確認できない。この点は、不審と言わざるを得ず、『明智系図』がいかに「土岐文書」を写し取っているとはいえ、光秀の父を安易に光隆とすべきではないだろう。光隆以降の系譜は、不明と言わざるを得ない。父の名さえ分からない光秀の出自については、安易に土岐明智氏につなげてはならない。

光秀は、いつどこで誕生したのだろうか。光秀の誕生年についても、諸説あって定まらない。

『明智系図』（『続群書類従』所収）

頼典―光隆―光秀
　　　　　├信教
　　　　　└康秀
└頼明

『明智氏一族宮城家相伝系図書』

光継―光綱―光秀
└女子

『続群書類従』所収の『明智系図』には、享禄《きょうろく》元年（一五二八）三月十日に美濃の多羅《たら》城（岐阜県大垣市）で誕生したとある。母は若狭《わかさ》守護の武田義統《よしむね》の妹とあり、名族にふさわしい母の家柄となっている。

『明智氏一族宮城家相伝系図書』には、光秀が享禄元年八月十七日に石津郡の多羅で誕生したとするが、父は進士《しんし》信周《のぶちか》、母は光秀の父・光綱の妹だったと記す。病弱だった光綱は、四十歳を過ぎても子に恵まれなかった。そこで、光綱の父・光継《みつつぐ》（光秀の祖父）は光秀を光綱の養子とすることを決意し、家督の後継者にしたという。つまり、光秀は養子だった。進士信周については不明であるが、奉公衆の出身であり、幕府との関係を示唆する。光秀の譜代の家臣には進士貞連《さだつら》がおり、光秀の死後は肥後《ひご》藩の細川興秋《おきあき》（忠興《ただおき》の次男）に仕えた。

両系図は誕生した日付を除けば誕生年が合致しており、ほかの系図もおおむね享禄元年誕生説を唱えている。後述する『明智軍記』も、享禄元年誕生説であるが（天正十年に五十五歳で没したと記す）、右の諸系図の記載には疑問が残る。

光秀の母の兄とされる武田義統の誕生年は、大永《たいえい》六年（一五二六）である。義統の妹はさらに若いはずなので、明らかに年代的に矛盾している。光秀が享禄元年（一五二八）生まれであるならば、義統の妹は光秀の母であるはずがない。なぜこうなったのか理由は不明であるが、義統の子・元明《もとあき》は天正十年（一五八二）の本能寺の変で光秀に与した。もしかしたら、そういう縁から光秀と武田氏を結び付けようとしたのかもしれない。

†『明智軍記』『当代記』に記された誕生年

享禄元年生誕説を唱える編纂物は、ほかにもある。それは、『明智軍記』である。すでに半世紀以上も前、古典的名著『明智光秀』の著者として知られる高柳光壽《みつとし》氏は、『明智軍記』を信頼できない悪書（「誤謬《ごびゅう》充満の悪書」と記す）と指摘した（高柳：一九五八）。たしかに『明智軍記』は誤りが多いので、歴史史料として用いるのには躊躇する史料である。

『明智軍記』は元禄六年（一六九三）から同十五年の間に成立したとされ、作者は不詳である。光秀が亡くなってから、百年以上を経過して成立した。光秀を中心に取り上げた軍記物語はほかに乏しく、そういう意味では貴重な史料といえるのかもしれない。『明智軍記』が拠った史料には、『江源武鑑《こうげんぶかん》』のようなひどい代物がある。『明智軍記』にはユニークな話が多々書かれているが、それらは一次史料で裏付けられず、記述内容も誤りが非常に多い。

『当代記』は、光秀の没年齢を六十七歳であると記している。つまり、永正十三年（一五一六）の誕生となる。『当代記』は著者が不明（松平忠明《ただあきら》ともいわれる）で、寛永年間（一六二四〜四四）頃に成立したと考えられている。同書は当時の政治情勢や大名の動向などを詳しく記しており、時代が新しくなるほど史料の性質は良くなっていくが、残念ながら信長の時代については史料としての価値が劣っており、小瀬甫庵《おぜほあん》（儒学者）の『信長記』に拠っている記事が多い。したがって、記述内容を鵜呑みにするのは危険である。比較のうえでは、先の系図類よりも『当代記』が良質であるが、正しいという保証はない。

小瀬甫庵の『信長記』は元和《げんな》八年（一六二二）に成立したといわれてきたが、今では慶長《けいちょう》十六、十七年（一六一一、一二）説が有力である。『信長記』の成立が従来説より十年ほど古いことが立証されたので、『信長記』の史料性を担保する論者もいるが、成立年の早いか遅いかは史料の内容を保証するものではない。

同書は広く読まれたが、創作なども含まれており、儒教の影響も強い。太田牛一《ぎゅういち》の『信長公記』と区別するため、あえて『甫庵信長記』と称することもある。そもそも『信長記』は、太田牛一の『信長公記』を下敷きとして書いたものである。『信長公記』が客観性と正確性を重んじているのに対し、甫庵は自身の仕官を目的として、かなりの創作を施したといわれている。それゆえ、『信長記』の内容は小説さながらのおもしろさで、江戸時代には刊本として公刊され、『信長公記』よりも広く読まれた。現在も石井恭二校注の現代思潮新社版で読むことができるが、『信長記』は創作性が高く、史料としての価値は劣ると評価されている。

†『綿考輯録』に記される誕生年

『綿考輯録《めんこうしゆうろく》』は、光秀が五十七歳で没したと書いているので、誕生年は大永四年（一五二四）になる。『綿考輯録』には若き頃の光秀の姿が詳しく描かれているが、信頼に足る史料なのだろうか。『綿考輯録』は安永《あんえい》年間（一七七二〜八一）に完成した、細川藤孝《ふじたか》（幽斎《ゆうさい》）、忠興、忠利《ただとし》、光尚《みつなお》の四代の記録で、編者は小野武次郎《たけじろう》である。熊本藩細川家の正史と言っても過言ではない。これまでの研究によると、忠利、光尚の代は時代が下るので信憑性が高いかもしれないが、藤孝（幽斎）あるいは忠興くらいの時代になると、問題になる箇所が少なくないと指摘されている。それは、なぜだろうか。

その理由は、『綿考輯録』を編纂するに際しておびただしい量の文献を参照しているが、巷間《こうかん》に流布する軍記物語なども材料として用いているからである。たとえば、先に取り上げた『明智軍記』は、その代表だろう。『総見記《そうけんき》』などの信頼度の低い史料も多々含まれている。

『綿考輯録』の参考書目を見ると、多くの史料類や編纂物が挙がっているが、玉石混淆なのは明らかである。

『総見記』は『織田軍記』などともいい、遠山信春《のぶはる》の著作である。貞享《じょうきょう》二年（一六八五）頃に成立したという。内容は甫庵の『信長記』をもとに、増補・考証したものである。史料性の低い甫庵の『信長記』を下敷きにしているので、非常に誤りが多く、史料的な価値はかなり低い。今では顧みられない史料である。加えて、『綿考輯録』は細川家の先祖の顕彰を目的としていることから、編纂時にバイアスがかかっているのは明らかで、それは大名の家譜類が避けられない現象である。『綿考輯録』は扱いが難しい書物であり、光秀の記述については慎重になるべきだろう。細川家の正史だから、正しいという保証はないのである。

結論を言えば、光秀の誕生年については、おおむね永正《えいしょう》十三年（一五一六）から享禄元年（一五二八）の間とくらいしか言えない。しかも、「二次史料に拠る限り」という留保付きであり、今後、光秀の誕生年をうかがい知る一次史料の出現を待つしかないだろう。

†光秀の出身地はどこか

明智氏の出身地については、二つの説が有力視されている。一つは岐阜県恵那《えな》市明智町であり、もう一つは岐阜県可児《かに》市広見《ひろみ》・瀬田《せた》（旧明智荘）である。互いに「明智」のゆかりの地なので、非常にややこしいことになっている。

前者には明知城址(恵那市明智町)があり、城内には光秀学問所の跡に建てられた天神神社、あるいは光秀の産湯の井戸跡が残っている。近隣の龍護寺には伝来する光秀の直垂《ひたたれ》など、光秀にまつわる史跡や遺物があることから、現在も「光秀祭り」が催されている。ただし、光秀の先祖が岐阜県恵那市明智町の出身とするのには、難があると指摘されており、実際は遠山明智氏の出身地であるといわれている。

遠山明智氏は藤原北家《ほっけ》利仁流の流れを汲み、十三世紀の半ば頃、遠山景朝《かげとも》が明知城に本拠を築いたという。武将が城を築いたというのは、おおむね伝承に近いものが多く、後述する明智城も同じである。この景朝こそが、遠山明智氏の祖である。戦国期に至ると、遠山氏は織田信長に与して、武田信玄《しんげん》に敵対した。元亀《げんき》三年(一五七二)、遠山景行《かげゆき》の明知城などが信玄に攻撃されると、景行は戦いのなかで落命した。

景行の嫡男・景玄《かげはる》も同じく亡くなったので、遠山明智氏の家督は利景《としかげ》(景玄の弟)が継いだが、利景は明知城に在城することなく、徳川家康に近侍した。結局、利景のもとに明知城が戻ってきたのは、慶長五年(一六〇〇)九月の関ヶ原合戦後だったという。明知城の歴史を見る限り、一貫して遠山明智氏が支配しているのが明らかで(一時期を除く)、光秀の先祖の姿を一次史料で確認することはできない。岐阜県恵那市明智町は遠山明智氏ゆかりの地であって、光秀の出身とされる土岐明智氏に結びつけるのは難しいといえる。

一方、岐阜県可児市広見・瀬田には、かつて石清水八幡宮の所領・明智荘という荘園があった。今も明智城址が残っており、同城は付近の地名から長山城とも称されている。一般的には、こちらが土岐明智氏の本拠とされている。もう少し具体的に概要を確認しておこう。

『美濃国諸国記』（作者不詳。十七世紀中後半成立）には、康永《こうえい》元年（一三四二）三月に土岐頼康の弟・頼兼《よりかね》が明智城を築いたと記されている。頼兼が土岐明智氏の始祖で、彼自身は明智次郎あるいは長山下野守《しもつけのかみ》と称された。ところが、『太平記』などによると、土岐氏の一族に長山遠《とお》江守《とうみのかみ》なる人物があらわれ、その存在は一次史料でも裏付けられる。『園太暦《えんたいりゃく》』文和《ぶんな》二年（一三五三）三月二十六日条には、土岐頼康の弟として頼基《よりもと》（長山遠江守）の名が見える。長山氏は頼基のことを示すようである。

それぞれの史料では頼基と頼兼と実名が異なり、官途も頼基が遠江守、頼兼が下野守と一致していない。二人が同一人でないのは明白である。『太平記』には土岐明智次郎頼兼があらわれるので、彼が長山下野守とみなされた可能性もある。『太平記』にあらわれる土岐一族は、ほかに土岐明智三郎、土岐明智下野入道、土岐明智兵庫助がいるが、系譜上の位置付けは不明である。いずれにしても、『美濃国諸国記』の記述には不審な点が多いといえる。

光秀のことに話を戻そう。『明智氏一族宮城家相伝系図書』などの記述によると、光秀は父の光綱が亡くなってから、叔父の光安《みつやす》（宗寂《そうじゃく》）を後見人として明智城に入り、美濃の戦国大名・斎藤道三の配下にあったという。『明智軍記』や『美濃国諸国記』にも、同様のことが書かれている。弘治二年（一五五六）四月、道三が長良川合戦で子息の義龍《よしたつ》に討伐されると、道三に与していた光秀の立場はまずくなった。同年八月、光秀は義龍の攻撃を受け、九月になると自害さえ考えたという。しかし、宗寂は光秀の自害を思い止まらせ、子息・光春《みつはる》らと明智城を脱出し、越前国へ逃亡したというのである。その後、光秀は牢人《ろうにん》生活を余儀なくされた。やがて、越前に赴いた光秀は朝倉氏に仕え、その後は義昭の配下に加わる。

右の『明智氏一族宮城家相伝系図書』などの逸話の根拠は不詳であるが、史実とはみなし難い。光秀が道三に仕えていたこと、義龍の攻撃を受けたことなどは重要な事象だが、一次史料では確認できない。

以上のように、明智氏に関する系図や軍記物語の記述を見る限り、かなり混乱している状況がうかがえる。それらの記載だけでは、光秀の生年、出身地などを知るのは、ほぼ不可能なのである。可児市広見・瀬田が土岐明智氏の本拠であることは首肯できるが、光秀が明智城に在城していたのかは不明といわざるを得ない。つまり、光秀が土岐明智氏の系譜に連なるのか否かは、はっきりと明言できないのである。

†『立入左京亮入道隆佐記』の記述

光秀の生涯を語るうえで重要な史料として、『立入《たてり》左京亮入道隆佐記《さきょうのすけにゅうどうりゅうさき》』がある。この史料は、禁裏御倉職の立入宗継《むねつぐ》（隆佐）が見聞した出来事等の覚書を集成したもので、七世の孫・中務大丞《たいじょう》経徳《つねのり》が書写・校訂したものである。成立年は不詳である。覚書とは当事者が晩年に自身の備忘を目的として作成した文書なので、二次史料に相当する。

『立入家系図』によると、経徳は宝暦《ほうれき》五年（一七五五）に誕生し、文政《ぶんせい》七年（一八二四）に亡くなったという。となると、『立入左京亮入道隆佐記』の成立年は、おおむね十八世紀後半から十九世紀初頭の範囲に想定される。同書は、天正七年（一五七九）に光秀が丹波を平定し、信長から丹波一国を与えられたことを「惟任日向守《これとうひゅうがのかみ》（明智光秀）が信長の御朱印によって丹波一国を与えられた。時に理運《りうん》によって申し付けられた。前代未聞の大将である」と記している。理運にはさまざまな意味があるが、この場合は「良い巡り合わせ、幸運」くらいの意味で捉えてよい。理運によって丹波一国を与えられたので、光秀は前代未聞の大将だったのである。立入宗継にとって、光秀が丹波一国を授けられたことは驚倒すべき印象を持ったと推測される。

同年、光秀は八上城《やがみじょう》（兵庫県篠山《ささやま》市）を落とし、波多野秀治《ひではる》ら三兄弟を捕縛《ほばく》した。光秀は波多野三兄弟を安土城に連行し、磔刑《たっけい》に処した。一連の手法に対して、宗継は「前代未聞」と感想

波多野秀治

を漏らしている。この場合は、磔刑が「前代未聞」なのだろうか。続けて、宗継は光秀について「美濃国住人とき（土岐）の随分衆也」と記録し、信長によって「惟任」姓を与えられ、惟任日向守を名乗るようになったと記している。光秀の栄達ぶりを示すものである。この場合の随分衆とは、土岐氏の流れを汲む、高い地位にあったことを示している。随分には、「身分が高い」という意味が含まれている。高い地位というのは、土岐明智氏が奉公衆だったことを示している可能性が高い。解釈によっては、土岐氏の重臣だったとみなすこともできよう。

光秀が随分衆だったことは、隆佐が明確な根拠をもとに書いたものなのだろうか。残念ながら、宗継が光秀の経歴をどこまで知っていたかは不明である。隆佐は光秀を「随分衆」と言い切っているが、実際には光秀の経歴を詳しく知らず、風聞に拠って記した可能性が高い。『立入左京亮入道隆佐記』の記述をもって、光秀が土岐明智氏の出身であるとするケースもあるが、史料の性質を考えると慎重にならざるを得ない。「美濃国住人とき（土岐）の随分衆也」という言葉が独り歩きしていることには、注意すべきである。

奉公衆としての土岐明智氏

光秀の出身とされてきた土岐明智氏とは、どのような一族だったのだろうか。もう少し詳しく探ることにしよう。土岐明智氏は、室町幕府の奉公衆の一員でもあった。改めて、各番帳《ばんちょう》（奉公衆などの名簿）に記される土岐明智氏の面々を確認すると、次のようになる。

①『文安年中御番帳』——土岐明智中務少輔【外様衆】。

②『常徳院御動座当時在陣衆着到』——土岐明智兵庫助（玄宣《はるのぶ》）、土岐明智左馬助《さまのすけ》（政宣《まさのぶ》）【四番衆】。

③『東山殿時代大名外様附』——土岐明智中務少輔（政宣）【外様衆】、土岐明智兵庫頭（玄宣）【四番衆】。

土岐明智氏は、「兵庫助（頭）」家と「中務少輔」家の二系統に分かれていたと考えられる。玄宣は兵庫助を経て兵庫頭に任官し、政宣は左馬助から中務少輔に任官する家格だった。それゆえ中務少輔の政宣は、三番衆から外様衆へと昇格を果たしている。なお、玄宣と政宣は連歌会で活躍していたが、両者の血縁家系は不明である。政宣については、『尊卑分脈』などの系図に記載されている。

『尊卑分脈』には、「光」字を冠した明智氏が登場するので、光秀との関係を想定することもあるが、慎重になるべきだろう。光秀の父の名が史料によって異なっており、一次史料で確認できないのだから、安易に考えるべきではない。いずれにしても、土岐明智氏と光秀をつなぐ根拠は乏しい。先述した立入宗継が、土岐明智氏が室町幕府の奉公衆であったことを知っていたならば、信長に取り立てられ、大いに軍功を挙げた光秀を「随分衆」として評価したことも考えられる。何か明確な根拠があって「土岐氏の随分衆」と書いたわけではなく、光秀が明智と称しているので、土岐明智氏と関連付けた可能性がある。

†『光源院殿御代当参衆幷足軽以下衆覚』の明智氏

土岐明智氏が室町幕府の奉公衆だったことに関連して、「明智」なる人物が『光源院殿御代当参衆 幷《ならびに》 足軽以下衆覚』に「足軽衆」として記載されており、注目を集めている。『光源院殿御代当参衆幷足軽以下衆覚』も、奉公衆などの名簿である。かつて『光源院殿御代当参衆幷足軽以下衆覚』は、足利義輝《よしてる》の時代の奉公衆などの名簿と考えられていた。しかし、近年の研究により、前半部分が義輝段階のもので、後半部分が義昭段階のものであることが明らかになった（黒嶋：二〇〇四）。

同書の後半部分の作成時期は、永禄十年（一五六七）二月から同十一年五月の間であると指摘されている。永禄八年五月、義輝は三好《みよし》三人衆（三好長逸《ながやす》・三好政康《まさやす》・岩成友通《いわなりともみち》）の襲撃を受けて殺害され、当時まだ僧侶だった義昭は奈良興福寺の一乗院を脱出し、越前国の戦国大名・朝倉氏の庇護を求めた。その頃に書かれたものである。この史料に拠って、光秀が義輝に仕えていたという論者もいるが、現時点ではその可能性は極めて低いとされている。右に示したように、史料が前半と後半に分かれており、「明智」の名が載っているのは義昭の時代に限定されるからである。

足軽衆とは単なる兵卒ではなく、将軍を警護する実働部隊と考えてよいだろうが、その身分は奉公衆らの面々と比較して、低かったのは明らかである、というのも、彼ら足軽衆は名字のみしか記されていない者も多く、おおむね無名の存在ばかりである。以下、その面々について分析がなされているので、参考にして考えてみよう（早島：二〇一四）。

義輝の時代から足軽衆として仕えていたのが、一卜軒《いちぼくけん》と沢村の二人である。二人の出自については不明である。一卜軒は俗人でありながら、永禄十二年一月に南禅寺（京都市左京区）の塔頭《たっちゅう》・竜華院《りゅうげいん》領を競望したという史料がある（「鹿王院《ろくおういん》文書」）。珍しい姓でもあり、同一人物であろうか。残念ながら、沢村氏については関連する史料が見当たらなかった。

三上氏は、政所執事の伊勢氏の家臣だった。政所は、足利家の財政や家政を担当する職である。この三上氏は、秀興《ひでおき》のことではないだろうか（「蜷川《にながわ》家文書」）。山口甚助は実名を秀景といい、かつては公家の葉室家に仕えていたという（『言継卿《ときつぐ》記』）。『言継卿記』には甚助が「武家御足軽衆」と書かれており、義昭に仕えて公家や信長との連絡役を務めていた。

野村越中守《のむらえつちゆうのかみ》は実名を貞邦《さだくに》といい、永禄八年六月に武井夕庵《せきあん》とともに蜷川貞栄《さだひで》らに書状を送っている（「蜷川家文書」）。内容は義輝が横死したのち、伊勢虎福（貞為《さだため》）の上洛に賛意を示したものである。当時、夕庵は美濃・斎藤氏に仕えていたので、野村越中守も斎藤氏に仕官していた可能性が高い。永禄四年二月に斎藤氏配下の日禰野備前守《ひねのびぜんのかみ》らと野村越中守が連署した書状が残っているので、ほぼ間違いないと思われる（『永禄沙汰』）。

野村越中守は斎藤氏配下の同名家臣と別人であると否定する向きもあるが、斎藤氏に仕えていた野村越中守と同一人ではない、という根拠を示していない。斎藤氏の滅亡後、何らかの経緯を踏まえて義昭に仕えた可能性が高いのではないだろうか。

薬師寺は、弼長《すけなが》のことである。かつて薬師寺は細川氏の配下にあり、摂津守護代を務めていた。柳本は秀俊といい、同じく細川氏の旧臣だった。二人は一貫した反三好派として行動しており、以前は足利義輝に仕えていた。二人が連署した禁制も確認できる（「東寺百合文書」）。秀俊には父あるいは兄弟と思しき秀久なる人物がおり、訴訟関連を扱っていたことが判明する（「大徳寺文書」）。義輝の没後、二人が義昭に仕えていたことは明らかで、実務官僚的な側面もあった。以上の面々以外の足軽衆については、わからなかった。少なくとも足軽衆は身分の低い者が多く、寄せ集めという感が否めない。

†足軽衆だった光秀

足軽衆に名を連ねる「明智」については、どのように考えるべきであろうか。「明智」には実名が書かれていないが、当該期に明智姓の者が光秀以外に候補がいないことを考慮すると、やはり光秀とみなさなくてはならないだろう。光秀の初見文書が確認できるのは、永禄十二年二月二十九日である（「陽明文庫所蔵文書」）。『光源院殿御代当参衆幷足軽以下衆覚』の後半部分の成立から、一、二年を経ている。光秀の存在を確認できる史料としては、永禄十一年に比定される六月十二日付の織田信長がある（「横畠文書」）。従来、この史料は特に年次比定されていなかったが、永禄十一年である可能性が高い（谷口：二〇一四）。

ただ、大きな疑問が残るのも事実である。先述したとおり、土岐明智氏は奉公衆や外様衆を務める名門の家柄だった。将軍の直臣である。そのような土岐明智氏が足軽衆に加わっているということは、大いに不審であるといわざるを得ない。『光源院殿御代当参衆幷足軽以下衆覚』によると、奉公衆は一番から五番まで編成されているので、普通ならば「明智」も奉公衆に加わっていないとおかしいように思える。

そうなると、光秀は奉公衆や外様衆を務めた土岐明智氏を出自とすると考えられてきたが、足軽衆という身分差を考慮すると素直に信じるわけにはいかない。光秀を名門・土岐明智氏に繋げるにはあまりに材料不足であり、当時の光秀は土岐明智氏とは関係なく、無名の存在であったと考えるのが自然ではないだろうか。ただ、光秀の家臣には美濃の出身者が多いので、美濃を出自とするのは妥当と思える。

つまり、光秀は美濃国出身だったかもしれないが、途中で家が断絶した土岐明智氏の名を勝手に用いている可能性が高い。他家の系譜を無断で借用することは珍しくない。たとえば、福岡藩の黒田家は、『黒田家譜』で近江佐々木氏の庶流・黒田氏の流れを汲むと主張しているが、明確な根拠はない。おそらく、途中で滅亡した黒田家の系譜を操作し、自称したのだろう。では、光秀と義昭は、どの時点で関係を持ったのであろうか。

†義昭の越前行きと信長の状況

義昭は、越前・朝倉氏のもとに滞在したことがあった。永禄八年（一五六五）五月、足利義輝が三好三人衆らに自害に追い込まれると、当時、奈良・興福寺一乗院の僧侶だった弟の義昭（覚慶）は幽閉されたものの、同年七月に脱出した。当初、義昭が身を寄せたのは、近江国甲賀郡の土豪・和田惟政《これまさ》である。和田氏はもともと六角氏に仕えていたが、惟政の父・惟助（宗立）の代には義輝に仕官していた。

同年十一月、義昭は近江国野洲郡矢島（滋賀県守山市）に移ったが、六角氏が三好三人衆の調略によって不穏な動きを見せた。身の危険を感じた義昭は、翌永禄九年八月に矢島を発って、若狭の武田氏のもとに身を寄せている（『多聞院日記《たもんいんにっき》』）。当時の若狭武田氏の当主は義統が務めていたが、国内は内乱状態が続いており、とても頼りがいがなかった。義統に見切りをつけた義昭は、越前の朝倉義景《よしかげ》を頼るべく、同年末に一乗谷（福井市）に入ったのである。

実は、本当に義昭が頼りにしていたのは、尾張の織田信長と越後の上杉謙信《けんしん》だった。二人は義輝の時代に上洛した経験があり、謁見を果たしていた。なかでも信長は、義輝が横死した永禄八年の段階で、早くも上洛の意思を示していた。義昭は将軍に就任することを表明して以降、信長や謙信の支援を得るため、頻繁に連絡を取った。特に、信長は本拠が京都から近いだけに、大いに期待したはずである。義昭の謙信に対する交渉役は大覚寺義俊《ぎしゅん》（義昭の母方の叔父）が担当し、信長に対する交渉役は細川藤孝が務めた（藤孝の補佐役は和田惟政）。

永禄八年に尾張の統一を果たした信長は、同年末には藤孝を通して、義昭に上洛の意思を伝えた（「高橋義彦氏所蔵文書」）。ところが、この頃の信長は美濃の斎藤龍興《たつおき》との関係が悪化しており、早急な対応に迫られていた。信長が上洛するには、斎藤氏と和睦を結ぶ必要があったのである。その間を取り持ったのが義昭であり、実働部隊の藤孝だった。上洛を急ぐ義昭にとって、和睦交渉の仲介を行うことは当然のことだった。

永禄九年二月以前から、藤孝は信長と龍興の間を取り持ったと考えられ、おおむね同年四月には両者の休戦協定が成立した。義昭は協定の成立を大いに喜び、藤孝と惟政に手紙を送り、信長の上洛を心待ちにした様子がうかがえる（「和田文書」）。信長の上洛が具体性を帯びてきたのは、同年六月のことだった。その後、信長の上洛計画は現実的な動きを見せる。

同年七月、義昭は越後の直江景綱《かげつな》（謙信の家臣）や若狭の武田彦五郎に出陣を促した（「上杉家文書」など）。信長は龍興と和睦を結ぶと、いよいよ尾張などの軍勢を率い、上洛の動きを見せていた。『多聞院日記』によると、信長が義昭を推戴《すいたい》して上洛するのは、同年八月二十二日を予定していたと記されている。その根拠は、大覚寺義俊が大和の国人・十市《とおち》氏に伝えたことを聞いたものだった。

しかし、上洛を心待ちにしていた義昭の期待は、見事に裏切られた。信長は同年八月二十二日に上洛をすることなく、同年八月二十九日に美濃へ攻め込んだのである。信長と龍興との和睦を取り持った義昭にとって、信長の美濃出兵は青天《せいてん》の霹靂《へきれき》だった。結局、信長の上洛はご破算になり、義昭は上杉謙信を頼るべく計画を変更したと推測されている。

永禄九年九月八日、若狭を発った義昭は、越前の敦賀《つるが》（福井県敦賀市）に移った。義昭が敦賀に滞在したのは、謙信の上洛を期待してのことだったという。その後、義昭は謙信に出陣を期待する旨の御内書などを送ったが、謙信が上洛して義昭を支えることはなかったので、一乗谷に朝倉氏を頼ったのである。永禄八、九年には義昭を推戴して上洛するとの機運が盛り上がり、信長と謙信が応じる気配を見せたが、最終的に頓挫してしまった。失意の義昭は、永禄九年末頃に一乗谷の朝倉氏の庇護を求めたが、義景が上洛に積極的だったかはよくわからない。越前滞在中の義昭は、光秀に邂逅《かいこう》したといわれている。

†光秀は越前・朝倉氏に仕えたのか

義昭が上洛のために奔走していた頃、すでに明智光秀は越前の朝倉義景に仕えていたという。光秀が朝倉氏に仕えたとされる根拠史料は、後世の編纂物『明智軍記』『綿考輯録』である。以上の史料に基づき、ごく簡単に経緯などを触れておこう。光秀は父を失ってからのち、各地を遍歴していたという。弘治二年（一五五六）に訪れたのが越前国であった。光秀は越前国に留まり、義景から五百貫文の知行《ちぎょう》で召し抱えられたといわれている。光秀は義景から命じられるままに鉄砲の演習を行い、その見事な腕前から鉄砲寄子《よりこ》百人を預けられた。光秀の軍事に対する高い才覚は、義景に評価されたのである。大抜擢といえよう。

朝倉義景

以上が、光秀が義昭に仕えるまでの経緯である。ただ、問題なのは、光秀がそれだけの人物でありながらも、朝倉方の一次史料や記録類に一切登場しないことである。光秀は朝倉氏の重臣といってもいいくらいの扱いなので、非常に不審な点である。根拠となる『明智軍記』や『綿考輯録』は、史料としての問題点が非常に多いが、光秀が越前と深い関係を有していた一次史料が存在するとの指摘もある。『武家事紀』所収の（天正元年）八月二十二日付の光秀書状（服部七兵衛宛）の記述は、光秀が越前で一時期生活していた根拠とされる。内容は「この度、「竹」の身上について世話をいただいたことをうれしく思っております。恩賞として百石を支給します。知行を全うしてください」（現代語訳）というものである。

右の史料からは、残念ながら光秀が越前にいたことを示す内容とは受け取れない。この史料は、単に光秀が「竹」なる人物の世話をしてくれた恩賞として、服部七兵衛に百石を与えたものである。そもそも「竹」なる人物は不詳であり、光秀との関係もわからない。この史料は越前朝倉氏を討伐した関係で服部七兵衛に発給されただけで、これだけでは光秀が越前にいたという証拠にはならないだろう。

光秀が越前にいたことを示す史料としては、『遊行《ゆぎょう》三十一組　京畿御修行記』天正八年一月二十四日条に光秀の記述がある（橘：一九七二）。この史料は、天正八年（一五八〇）七、八月に遊行第三十一代の同念が東海から京都・大和を遊行（修行僧が説法教化と自己修行を目的とし、諸国を遍歴し修行すること）したとき、随行者が記録した道中記で、信頼できる史料であると評価されている。同史料には光秀について「惟任方（明智光秀）はもと明智十兵衛尉といい、濃州土岐一家の牢人だったが、越前の朝倉義景を頼みとされ、長崎称念寺（福井県坂井市）の門前に十年間住んでいた」と書かれている（現代語訳）。

右の史料を読むと、光秀が美濃の土岐氏の一族で牢人だったこと、朝倉義景を頼って越前を訪れ、長崎称念寺の門前に十年間住んでいたことが判明する。長崎称念寺は福井県坂井市に所在する時宗の寺院で、多くの武将が帰依したという。実のところ、光秀と長崎称念寺との伝承は、ほかにもいくつか残っている。『明智軍記』には、光秀が美濃から越前を訪れた際、妻子を長崎称念寺の所縁の僧侶に預けたと記している。所縁というほどだから、光秀は以前から越前と何らかのかかわりがあったのだろうか。その間、光秀は諸国をめぐり、政治情勢を分析したというのである。廻った国は五十余国に及んだというが、怪しげな話である。

光秀が長崎称念寺の近くで寺子屋を開き、糊口《ここう》を凌《しの》いでいたとの伝承すらある。牢人が寺子屋を開いた逸話としては、長宗我部盛親《もりちか》の例がある。慶長五年（一六〇〇）九月の関ヶ原合戦で敗北した盛親は、京都で寺子屋を開いた。光秀と長崎称念寺の逸話を載せる地誌類は多いものの、いずれも裏付けとなる一次史料がない。また、越前における光秀関係の史跡もあるが、同様で確証を得ない。

†なぜ一乗谷に住まなかったのか

『遊行三十一組　京畿御修行記』における、光秀が長崎称念寺にいたという記述は、地元の口伝などに基づいた記録と考えられる。記述内容が後世の聞き書きなのはたしかなので、同史料に基づき、光秀が越前にいたことの証左とするには疑問が残る。そもそも朝倉氏の家臣であるならば、なぜ本拠の一乗谷ではなく、長崎称念寺の門前に住んでいたのか疑問が残る。

光秀の居住場所は、もうひとつの説がある。一乗谷から峠を一つ越えた福井市東大味には、明智神社がある。神社は光秀を祭神として祀っており、光秀の屋敷址も残っているが、実際は小さな祠《ほこら》に過ぎない。ここは一乗谷に近いが、朝倉氏の家臣は一乗谷に集住していたので、単なる伝承ではないのかと疑問が残る。朝倉家中において、光秀の処遇はよくなかったのか。

話を戻すと、『明智軍記』巻一の成立には、時宗関係者のかかわりがあったと指摘されている（土田：一九八四）。すでに天正八年の段階において、時宗関係者の間で光秀が越前に在国していたという説が流布していたのかもしれない。光秀が長崎称念寺と何らかの関係があったとするならば、朝倉氏滅亡後のことで、光秀は越前支配の一端を担っていた。

いずれにしても、光秀は越前に住んで朝倉氏の庇護下にあった程度の話で、仕官したとは言えないかもしれない。朝倉氏滅亡後、光秀が越前支配に携わったので、それがもとで伝承が生まれた可能性がある。したがって、光秀が朝倉義景に仕えたという説には大きな疑問があり、信頼できない史料に拠って鵜呑みにはできない。仮に、光秀が越前に在国していたにしても、朝倉氏に仕えていたのかは極めて疑問である。

†藤孝と光秀との関係

『明智軍記』には、細川藤孝と光秀との邂逅についても触れられている。藤孝と光秀は、同じ信長の配下にあって昵懇《じっこん》の関係であり、藤孝の子・忠興と光秀の娘・玉は夫婦だった。まず、藤孝について述べておこう。藤孝は天文三年（一五三四）の生まれで、父は幕臣で申次衆《もうしつぎしゅう》の三淵晴員《みつぶちはるかず》、母は将軍・足利義晴の側室（清原宣賢《のぶかた》の娘）である。天文八年、将軍・足利義晴の命によって、和泉半国守護《いずみはんごくしゅご》家の細川元常《もとつね》の養子になった。そして、天文十五年に将軍・足利義藤（のちの義輝）から「藤」字を与えられ、藤孝と名乗ったのである。

藤孝は幽斎と言われるが、それは雅号《がごう》であり、出家してからは法名の玄旨《げんし》を用いるのが正しい。藤孝は古今伝授（『古今和歌集』の秘伝の解釈を授かること）を受けた和歌の名手であり、教養人でもあった。藤孝と光秀の邂逅についても一次史料で確認できず、『綿考輯録』や『明智軍記』などの記述を頼るしかない。藤孝が義昭とともに越前を訪れたのは、永禄九年末である。仮に、光秀が越前に滞在していたとするならば、二人が出会ったのは永禄九年末以降のこ

明智光秀関係図

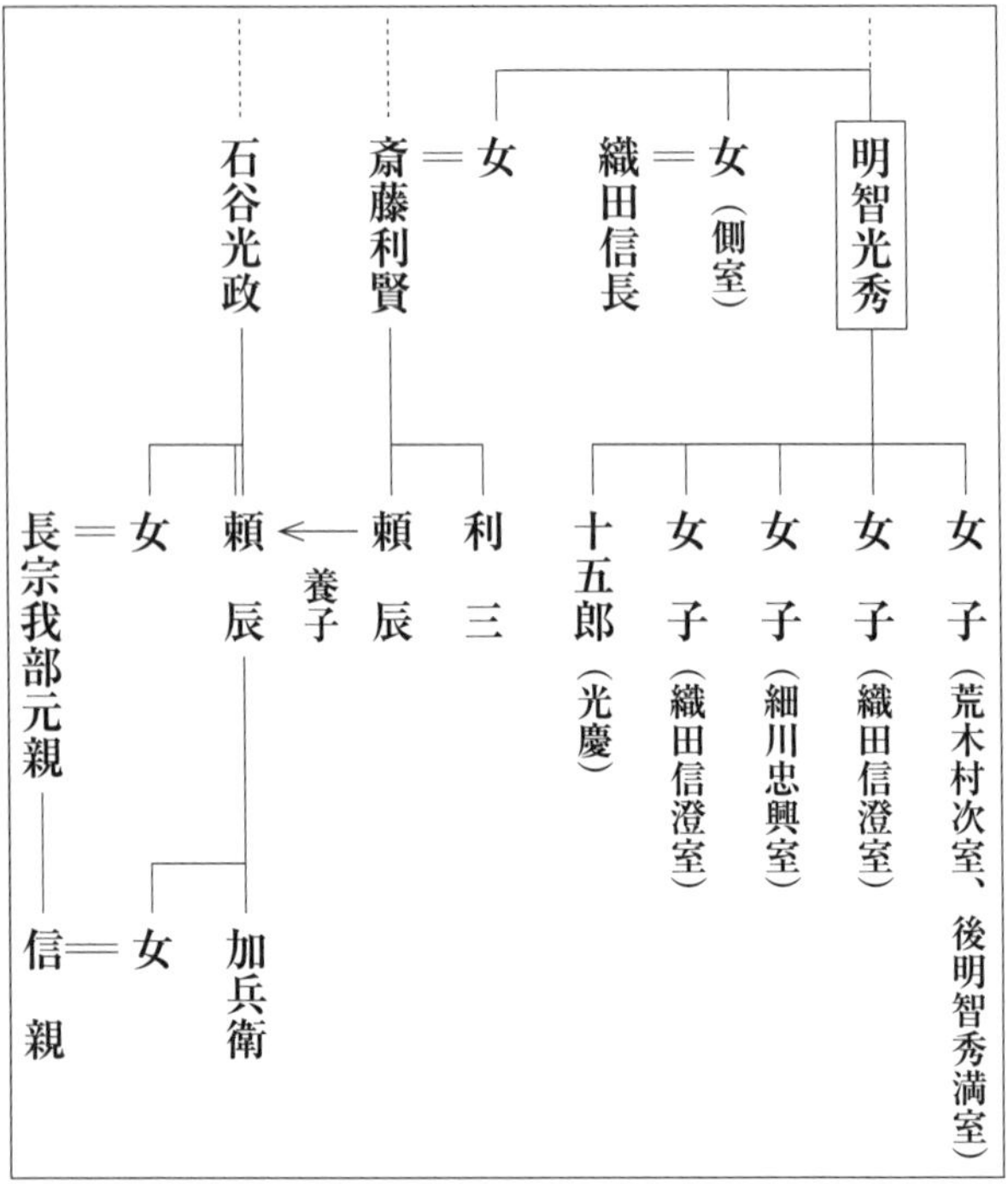
明智光秀
女（側室）
織田信長
女
斎藤利賢
石谷光政
女子（荒木村次室、後明智秀満室）
女子（織田信澄室）
女子（細川忠興室）
女子（織田信澄室）
十五郎（光慶）
利三
頼辰
養子
頼辰
女
長宗我部元親
加兵衛
女
信親

とになろう。『光源院殿御代当参衆并足軽以下衆覚』によると、藤孝は室町幕府の御供衆に列していた。藤孝は軽輩の足軽衆の光秀よりも、はるかに身分が高かったといえる。

光秀は藤孝と会うなり、「このまま越前にいても朝倉氏は当てにならない。尾張・美濃を領する織田信長は、今にも近江を併呑する勢いである。信長を頼るべきである」（現代語訳）、と述べ、熱心に勧めたという（『綿考輯録』）。光秀は諸国を回遊しており、あらゆる情報に通じていたように描かれている。ただ、義昭はこれまでも信長と謙信にたびたび出陣を要請していたのは先述のとおりで、光秀に指摘されるまでもない。現在では、義昭が最初から朝倉氏を当てにしていなかったことが指摘されており、実に疑わしいエピソードである。

細川藤孝（幽斎）

以上の経緯を見る限り、当時、朝倉氏の厚い信任を得ていた光秀は、藤孝と対等の関係にあったかのような印象を受ける。しかし、光秀の死後の諸記録によると、決してそうではなかったことがうかがえる。光秀と藤孝の関係は、『多聞院日記』天正十年六月十七日条に「（光秀は）細川藤孝の中間《ちゅうげん》だったのを（信長により）引き立てられた。光秀は中国征伐（毛利氏征伐）の際に、信長の厚恩により派遣された。しかし、（光秀は信長の）大恩を忘れ、曲事《くせごと》（けしからんこと。この場合は信長を急襲したこと）をしでかした。天命（光秀が横死したこと）とはこのようなことだ」（現代語訳）と書かれている。

『多聞院日記』は、奈良の興福寺多聞院の僧侶・英俊《えいしゅん》が書いた日記である。奈良は京都にも近く、京都の公家などから情報提供を受けていたようである。同史料は一次史料であるが、伝聞を書き留めたこともあり、誤りも少なからずあると評価されている。ただ、間違えた際は、あとで記事にその旨を記している。

『多聞院日記』の記述によると、光秀は藤孝の中間だったという。中間とは侍身分のなかでも下層に属し、さまざまな雑務を担っていた。仮に光秀が土岐明智氏の出身であったなら、とうてい考えられないほどの低い身分である。そのような光秀は、せっかく信長に登用されたのに、本能寺の変で討つという恩を仇で返すような真似をしたという。当時にあって、いかなる事情があったにせよ、「主殺し」は容認されていなかった。英俊は光秀の中間という身分について、明確な根拠をもとに書いたわけではないだろう。当時の人々の間では、光秀はもともと藤孝の中間だったという風聞が流れていたので、それを書き留めたに過ぎないと思われる。ただし、後述するとおり、光秀が藤孝に仕えていた可能性は高いと考えられる。

†『日本史』の記述

ポルトガルから来たイエズス会の宣教師のルイス・フロイスは、その著『日本史』のなかで、光秀について興味深いことを述べている。要約すると、①光秀は高貴な出自ではなかったこと、②信長の治世の初期には、細川藤孝の配下にあったこと、③光秀は才略、深慮、狡猾さにより、信長の寵を受けるようになったこと、の三点に集約される。①②を見ると、光秀の出自は立派なものでなく、藤孝の配下にあったという。③を見ると、光秀は類稀なる軍事などの才覚によって、信長に抜擢され重用されたと考えられる。

②の「信長の治世の初期」がいつの時期か不明であるが、普通に考えるとおおむね上洛した永禄末年頃か、義昭を追放した天正元年（一五七三）ということになる。しかし、信長の上洛の時期ではなく、単に信長が家督を継承した時期の頃と解するならば、天文末年以降の状況を指すのかもしれない。つまり、藤孝が足利義輝に仕えていた頃（天文十五年以降）に想定され、光秀は幕臣の藤孝に仕える下級の侍だったということになろう。

フロイスの『日本史』の史料性については、大きく評価が分かれる。信憑性が高いという評価もあれば、キリスト教の信仰や理解を尺度にしているので、一定のバイアスがかかっているとの指摘もある。ただ、この場合は『多聞院日記』にも伝聞ながら中間だったこと、信長に引き立てられたという記事があるので、信用してもよいのではないだろうか。私なりに考えてみると、次のようになる。義昭一行が越前に入った際、藤孝が何らかの形で光秀と面識を得た。光秀の優れた才覚を見込んだ藤孝は、足軽衆に光秀を加えるよう義昭に意見を具申し、光秀は義昭あるいは藤孝の配下に加わったと推測される。

†身分が低かった光秀

光秀の織田家中における立場を示す記述は、『日本史』のほかの箇所にも記されている。同書は、光秀の立場について「殿内にあって彼はよそ者であり、外来の身であったので、ほとんど全ての者から快く思われていなかった」と記している。「よそ者」「外来の身」とあるので、光秀が信長の譜代の家臣でないのはたしかである。この史料もまた、光秀が信長に仕えるまで、身分が低かったことをうかがわせる。「ほとんど全ての者から快く思われていなかった」という記述は、後述するような光秀の大抜擢を快く思っていないことを示唆しているように思える。そして、この場合の「よそ者」「外来の身」とは、光秀が義昭にも仕えていたこと、あるいは藤孝の配下にあったことも含まれているのかもしれない。

光秀の前半生を語るうえで重要なのは、光秀が家中に発した「家中軍法」である（「尊経閣《そんけいかく》文庫《ぶんこ》所蔵文書」）。天正九年（一五八一）六月、光秀は家中に「家中軍法」を発した。内容は十八カ条から成り、戦場や行軍中に守るべきことや、与えられた石高に対して負担する軍備などが列挙されている。これ自体が珍しいものであるが、注目すべきは「すでに瓦礫のごとく沈んでいた私を（信長が）召し出され、さらに多くの軍勢を預けてくださった」（現代語訳）という結びの言葉である。少なくとも光秀が苦しい前半生を送っていたことは間違いなかったと考えられるが、「軍中家法」は第六章で触れるとおり疑問視する向きもあるので、十分な検討が必要な史料である。

『当代記』は光秀について「一僕の者、朝夕の飲食さへ乏かりし身」と書いており、生活が苦しかったことをうかがわせている。一僕とは下男、召使いなどを意味しており、中間よりもはるかに低い身分である。江戸時代初期には、光秀の身分の低さや貧しさが広まっていたのだろうか。注意しなくてはならないのは、豊臣秀吉が百姓の倅を出自としながらも、信長の配下で大出世を遂げたことである。光秀の前半生が不明であることも含めて、信長に登用されたことが二人の共通点である。

ここまで長々と明智光秀の前半生（信長に登用されるまで）を書いてきたが、それらを要約すると次のようになろう。

①光秀は土岐明智氏の出身ではなく、美濃の土豪クラスではなかったか。

光秀が土岐明智氏の出身であるかについては、極めてその可能性は薄いといえる。ただ、美濃の出身である可能性は高いだろう。ここまで取り上げた史料からは、土岐明智氏の出身であると読み取るのは困難である。光秀が明智を姓とした理由は不詳である。実際は、中途で家系が途絶えた名門の土岐明智氏の出身であると、光秀が勝手に名乗った可能性が高い。光秀は、美濃に本拠を置いた土豪クラス程度の出自ではなかったか。

②光秀が越前・朝倉氏に仕えた可能性は低い。

光秀が越前の朝倉義景に仕えた可能性は、極めて低いと考えられる。二次史料に書かれているほど厚遇されていれば、一次史料にあらわれても不思議はない。朝倉氏の本拠の一乗谷に居住していたのではなく、少し離れた長崎称念寺に住んでいたという伝承があるくらいで、これは後年に越前支配に関わったことと関係しているのか不明である。

③光秀は藤孝に仕え、同時に義昭の足軽衆に登用された可能性が高い。

光秀が細川藤孝に仕えていた可能性は、極めて高いといえるかもしれない。もともと光秀は藤孝に仕えており、同時に義昭の足軽衆に加えられていた。のちに信長から登用されたほどなのだから、この頃から才覚があったことを見込まれ、義昭の足軽衆に取り立てられたのだろう。そして、義昭が信長と結んで上洛して以降、光秀は徐々に信長に重用されるようになったのではないだろうか。

光秀の出自については、土岐明智氏という名族か、藤孝の配下の中間（あるいは一僕の者）

に二分される。少なくとも光秀は義昭の足軽衆だったのはたしかなので、土岐明智氏の出身という説は見直しが必要であり、かなり低い身分と考えるのが妥当なようである。

第三章

京都における光秀

†義昭の上洛

永禄十一年(一五六八)二月、織田信長は北伊勢に出兵し、神戸氏と長野氏を降伏に追い込んだ。そして、神戸氏の養子として三男の信孝を、長野氏の養子として弟の信良《のぶよし》(信包《のぶかね》)をそれぞれ送り込み、北伊勢を支配下に収めた。その前年から翌年にかけて、信長は近江の国衆らと友好関係を築くべく、永原氏、佐治氏の知行を安堵し、甲賀の諸侍とも通じた。こうして、信長は上洛するための準備を着々と進めたのである。

態勢を整えた信長は、越前に滞在していた義昭に美濃へ移るよう要請した。義昭は興福寺一乗院を出奔後、各地を転々としつつ、永禄九年九月に若狭から越前に移っていた。義昭はそれまでも各地の大名に上洛を呼び掛けたが、なかなか実現しなかっただけに、その喜びは一入《ひとしお》だったに違いない。永禄十一年七月下旬頃、越前を発した義昭は美濃の立政寺《りゅうしょうじ》（岐阜市）に入ると、来るべき上洛の日を待ち望んだ。

同年八月七日、信長は近江佐和山城（滋賀県彦根市）の六角承禎《じょうてい》（義賢《よしかた》）に対して、義昭の上洛に際しての協力を呼び掛けた。上洛に成功した場合は、室町幕府の所司代にするという条件で、京都までの路次を確保してほしいという内容である。ところが、承禎と子の義治は信長の申し入れを拒絶し、信長や義昭に敵対する三好三人衆（三好長逸《ながやす》、三好政康、岩成友通《ともみち》）に与《くみ》することになった。同年九月七日、信長は尾張、伊勢、美濃、三河の四ヵ国の軍勢を率いて、上洛すべく出陣した。三河とは、徳川家康の軍勢のことであろう。同年九月十二日、信長は箕《み》作山城《つくりやまじょう》（滋賀県東近江市）を落すと、その一報を耳にした六角承禎・義治は戦うことなく、居城の観音寺城（滋賀県近江八幡市）を放棄して逃亡した。

六角氏を降した信長は、同年九月二十八日に東福寺（京都市東山区）に入った。翌九月二十九日、信長は三好三人衆の一人である岩成友通が籠る勝竜寺城《しょうりゅうじじょう》（京都府長岡京市）を落すと、三好三人衆に与する摂津の諸城は、戦わずして降参した。勢いに乗った織田軍は、山城、摂津、河内を席巻し、たちまち支配下に収めたのである。大和を領していた松永久秀《ひさひで》は、信長と義昭に従うことにより、その支配を改めて許可された。

　同年十月十四日、再び義昭は入京し、洛中の人々を安心させるために、軍勢が濫妨狼藉《らんぼうろうぜき》を働かないように警固を命じた。入洛した義昭は天下を掌握したことになったが、それは日本全国ではなく、畿内であることが近年の研究で指摘されている（神田：二〇一四）。同年十月十八日、義昭は念願だった征夷大将軍に晴れて就任した。浮かれた義昭は、十三番にわたる観能会を催そうと計画したが、これは信長によって五番に減らされた。理由は、まだ戦争が終わっていないからで、信長は浮かれている義昭に釘を刺したのだろう。

　その後、義昭は信長に感謝の意をあらわすべく、副将軍か管領に任じようとしたが、それは断わられた。改めて、義昭は信長に管領家の斯波家の家督を与え、武衛（左兵衛督）に任じようとしたが、これも辞退された。明確な理由は不明であるが、あえて義昭より格下の職に就くことを避けたのではないかと考えられる。あくまで信長は、義昭と対等な関係を望んだのだろうか。ただ、義昭の信長に対する感謝の念は大きく、敵対者を退散させたこと、将軍家、室町幕府を再興させたこ

足利義昭

とを称え、今後の治安維持を要請している（『信長公記』）。なによりも、義昭が信長を「御父」と呼んでいることに注目すべきだろう。義昭は信長なしでは、とても天下を治められないことを理解していたに違いない。

永禄十二年（一五六九）以降、光秀は少しずつ史上に姿をあらわす。永禄十二年一月五日、三好三人衆は、信長に敗れて阿波に逃れていた斎藤龍興らとともに、京都・本圀寺《ほんこくじ》（京都市山《やま》科《しな》区）に滞在中の足利義昭を襲撃した（『信長公記』）。三好三人衆は義昭の上洛を阻止できず、いったんは没落していたが、再び京都に攻め込んできたのである。このとき、本圀寺で防戦したのが光秀である。諸将たちの顔ぶれは、義昭の直臣や一部の信長の家臣らであった。光秀の活躍ぶりは、あまり詳しく伝わっていない。本圀寺の戦いは大変な激戦で、義昭配下の足軽衆のうち二十余人が討ち死にし、三好三人衆らの軍勢からも多数の死傷者が出た。

翌一月六日、三好義継《よしつぐ》、細川藤孝らが義昭を救うべく来援し、桂川（京都市西京区付近）で合戦におよんだ。義継らの軍勢は、伊《い》丹《たみ》衆（池田勝正、伊丹親興《ちかおき》など）、奉公衆と協力し、三好三人衆の軍勢を攻撃した（『言継卿記《ときつぐきょうき》』）。同日、義昭から危急を知らせる一報を聞いた信長は、大雪にもかかわらず岐阜を発し、わずか十騎を従えて義昭のもとに駆け付けた。通常は三日の行程であるが、わずか二日で到着したという。この戦いに、信長の軍勢は加わっていない。前年の永禄十一年十一月、義昭の上洛という目的を果たした信長は、木下（羽柴）秀吉ら諸将に約五千の兵を与えて常駐させたが、まもなく彼らは京都を離れたと考えられる。信長は義昭の上洛を助けたが、この時点で京都支配を念頭に置いていなかった可能性がある。

†御所の造営と「殿中掟九カ条」の制定

三好三人衆の軍勢を撃退後の永禄十二年一月、信長は義昭の身を守るため、二条(京都市上京区)付近に堅固な御所を築くことにした(『言継卿記』など)。工事に際しては、尾張以下の十四カ国の武士に対して、御所造営の協力が要請された。御所は防禦体制を高めるべく堀や石垣を築くなど堅固なものになったが、名石や名木を集めるなど景観にも配慮した。工事では信長が陣頭指揮を取る場面もあり、御所の完成後には義昭の家臣が集住したのである。

同じ頃、信長が定めたのが「殿中掟九カ条」、および追加に定められた「七カ条」である。室町幕府が再興すると、御部屋衆などの仕官が復活し、公家衆などの参勤、惣番衆などの伺候も再開された。「殿中掟九カ条」の前半四カ条では、室町幕府に仕える人々の勤務体制について、先例を守るように指示しており、旧来における室町幕府のシステムの踏襲をした。従来から大きな変更点は見られない。

後半の四カ条は、室町幕府の訴訟・裁判にかかわるものである。①裁判を内々に将軍に訴えること(直訴)の禁止、②奉行衆の意見を尊重すること、③裁判の日をあらかじめ定めておくこと、④中次の当番を差し置いて、別人に披露することがないこと、を定めている。いずれも幕府が公正・公平な裁判を執り行うための措置で、最後の九条目は門跡などが妄《みだ》りに伺候《しこう》することがないよう制約したものである。

追加の七カ条も室町幕府の訴訟・裁判にかかわるもので、直訴の禁止や裁判を起こす者は奉行人を通すことなどが定められており、「殿中掟九カ条」の後半の四カ条の補足的な意味合いを持った。注目すべきは第一条と第七条で、第一条は寺社本所領の当知行安堵の原則を定めており、第七条は義昭が当知行を安堵する場合は、安堵の対象者に当知行が虚偽でない旨の請文《うけぶみ》(上位者に対する報告書)を提出させることを規定している。当知行とは、現実に当該地を知行している状態を示している。

歴史学者の池上裕子氏の研究によると、「殿中掟九カ条」および追加の「七カ条」に規定された事項は、特に目新しいものではなく、すでに室町幕府で規定された基本的な内容であるという(池上:二〇一二)。信長は室町幕府を機能させ、京都や畿内の秩序維持を期待したのであるが、旧来の室町幕府―守護体制の再構築や公武統一政権を念頭に置いたものではない。単に、室町幕府の最低限の役割を復活させるため、具体的な内容を確認させようとしたのだろう。

これまで光秀が発給した初見文書は、永禄十一年（一五六八）十一月のものと考えられてきた（「賀茂別雷《わけいかずち》神社文書」）。この史料は、光秀が村井貞勝とともに、上賀茂（京都市北区）惣中に社領安堵を伝え、信長への礼を促した内容のものである。しかし、光秀と貞勝が共同で京都代官を務めたのは、天正元年（一五七三）十一月から同三年（一五七五）七月の間なので、初見文書にはなりえない。光秀の初見文書は、永禄十二年（一五六九）に比定される朝山日乗《あさやまにちじょう》、村井貞勝との連署奉書で、近衛殿御門外や御霊辻子中に宛てたものである（「陽明文庫所蔵文書」）。内容は足利義昭とその妻の御座所近辺での寄宿を禁止し、万が一、とやかく言う者がいる場合は、名前を名簿に記して報告せよというものである。

この文書は、上位者（信長）の意向を示す「仰せ出だされ候（信長様がおっしゃっています）」という奉書文言があるので、奉書である。つまり、光秀を含めた三人は、信長の配下にあって指示を受けたということになろう。貞勝は信長配下の奉行人で、上洛後は京都支配に携わっていた。日乗は立場が複雑な人物で、朝廷とも深いかかわりを見せながら、ときに信長の家臣として、ときに義昭の家臣として行動していた。この史料は、光秀が京都支配に携わったもので、この時点では信長の家臣として発給したものである。

注目すべきは永禄十二年（同十三年説もある）に比定される四月十四日付の木下（羽柴）秀吉との連署奉書である（「沢房吉氏所蔵文書」）。賀茂荘（京都府木津川市）に宛てたもので、内容は、賀茂の売買枡で四百石を納入すること、また軍役として百人を陣詰するよう命じたものである。史料中に「任御下知旨《おんげじ》」とあるが、これは義昭の下知を意味する。義昭の下知を踏まえて、「その意（信長の意）を得候（受けた）」という変わった形式である、体裁としては、信長の意を奉じて発給された奉書である。また、この連署奉書は秀吉が日付の下に署名しており、光秀が奥に署名をしている。通常、奥に署名をするほうが身分が高いので、光秀は秀吉よりも高い地位にあったと考えられる。

ところで、この文書については、多少複雑な発給の仕方がなされている。同年四月十日付で室町幕府奉行人奉書が発給され、ほぼ同じ趣旨のことが賀茂荘に伝えられた。室町幕府奉行人奉書とは、将軍である義昭の意を奉じた文書のことである。つまり、同じことが信長と義昭の両方から伝えられている。これは、どういうことなのだろうか。

†権力の二重構造

これまで、「任（公方）御下知之旨」の文言がある信長朱印状に関しては、幕府の奉行人奉書の副状《そえじょう》であり、義昭と信長の「二重政権」あるいは「二重構造の政治」との評価が与えられてきた。副状とは、このケースに即していえば、幕府の奉行人奉書に侍臣が添えた文書で、内容をより詳しく反復するための性格を持っていた。

近年では足利将軍研究の第一人者である山田康弘氏が指摘するように、こうした文書形態は従来から確認できるものであり、それは副状というよりも守護遵行状《じゅんぎょうじょう》（幕府の命を受けた守護が命令を執行するために発給した文書）というべき性質のものであると位置付けている（山田：二〇〇八）。もっともな見解であり、現在では大方の支持を得ているのではないだろうか。もう少し詳しくいうと、信長が新たに京都支配を行うに際して、既存の権力（室町幕府）を継承、活用したほうが、円滑に支配を進めることができた。応仁・文明の乱以降、将軍権力は衰退の一途をたどったが、その度ごとに六角氏、大内氏らが将軍の危急を救った。その際にも、同じ形態の文書が発給されていた。この点は、非常に重要な指摘である。

従来、信長は革新的とされ、「中世的権威」を否定し、近世への道を切り開いたとされてきた。信長に斬新さがあったことは認めるが、楽市楽座《らくいちらくざ》などの諸政策はほかの大名が実施済で、決してオリジナルな政策ではないことが明らかにされている。こと政治の運営に関しては、旧来のシステムを踏まえながら、慎重に進めたと考えられる。

秀吉と光秀の連署状は、義昭の「御下知」と記しながらも、実質的には信長の命を実行する趣旨のものであった。その点では、「二重政権」あるいは「二重構造の政治」というよりも、信長による幕府権力の補完といえるのかもしれない。信長の京都支配に際して、秀吉と光秀が登用されたのは、その後の運命を考えると大変興味深い。相前後して、光秀は村井貞勝や朝山日乗などと連署状を発給しているので、京都支配を任されていたことは明らかである。光秀は信長に行政手腕を買われ、重用されていたのである。

光秀が連署して文書を発給したケースは、ほかにもあった。永禄十二年（一五六九）に比定される四月十六日付の光秀らの連署状（立入宗継宛）には、ほかに中川重政《しげまさ》、丹羽《にわ》長秀《ながひで》、木下（羽柴）秀吉が連署している（「立入文書」）。宛先の立入宗継は禁裏《きんり》御《み》倉職《くらしき》を務めており、朝廷の財政回復に尽力していた。禁裏御倉職とは、朝廷の金銭・年貢米などの出納、御物保管、必要金の用立て、酒饌《しゅせん》の進献などを職務とした土《ど》倉《そう》（金融業者）である。署判を加えた中川重政は信長の馬廻を務め、永禄十一年以降は畿内の諸政を担当していた。丹羽長秀は信長の家臣で、信長の庶兄・信広の娘を妻としていた。信長とともに上洛して以降は、いったん尾張に帰国したが、再び永禄十二年に上洛して畿内の諸政にあたった。

史料の内容を確認しておこう。禁裏御料所の山国荘《やまぐにのしょう》（京都市右京区）は、数年来にわたり、丹波の土豪・宇津《うつ》氏によって押領（所領などを力ずくで奪い取ること）されていた。訴えを聞いた信長は、宇津氏の違乱を止めさせるよう命じた。そして、以前のごとく立入氏の直務（直接支配）を命じ、年貢の収納について相違ないことを伝えたのである。同趣旨のことは、宇津頼《より》重《しげ》にも伝えられた。同年に比定される四月十八日付の光秀ら四人（ほかは重政、秀吉、長秀）の連署状は、宇津頼重に宛てたものである（「立入文書」）。この連署状の趣旨は山国荘について、以前のように直務するよう朝廷から信長が仰せ付けられたので、信長の朱印状をもって申し渡すというものである。ただ、信長の朱印状は残っていない。

本来ならば、室町幕府が復興したのであるから、幕府が措置すべき問題であるが、朝廷は信長の武力に頼ったのであろうか。

†若狭武田家臣団への発給文書

永禄十二年（一五六九）に比定される四月十六日付の光秀ら四人（ほかは重政、秀吉、長秀）の連署奉書は、若狭《わかさ》武田氏の家臣・広野《ひろの》孫三郎《まごさぶろう》に宛てたものである（「慶應義塾大学図書館所蔵文書」）。同日付の文書で、ほかの若狭武田氏の家臣（梶又左衛門、菊池治部助）に宛てたものも残っている（「大阪青山歴史文学博物館所蔵文書」など）。

内容は、この度、若狭武田氏の家臣らがそれぞれ意見を申し出られたので、申し出た三十六人の言い分を信長に披露したところ、信長から家臣らの義統に対する忠節は明白であるとの意向が示された。そこで、去る永禄九年十二月十三日付の光禄《こうろく》（武田義統）の判形に従い、武田氏家臣がそれぞれの所領を知行するようにとの信長の朱印状が遣わされた。いよいよ孫犬殿（義統の子・元明）への忠勤を励むことが肝要の由とのことである、という内容である。なお、この史料の解釈については、近世史家の藤井讓治氏の研究を参考にした（藤井：二〇〇八）。

前年の永禄十一年、若狭武田氏の衰退は著しく、当主の元明は越前朝倉氏に連れ去られていた。そのうえ朝倉氏は、義昭の上洛要請に応じないなど反抗的な態度を示しており、必ずしも両者の関係は良好でなかった。この史料が出された背景には、信長が若狭武田氏家臣へ領知を安堵することで、主人が不在で名目的とはいえ、彼らに元明を推戴させることにより、若狭衆として掌握しようとした政治的な措置だったという。同時に、それは越前朝倉氏への対抗措置でもあった（藤井：二〇〇八）。

藤井氏は領知安堵は信長の意向であるが、元明への忠勤を誓わせたのは、四人の宿老であると解釈する。ところが、「いよいよ孫犬殿へ忠勤を抽《ぬき》んでらるべきのこと、肝要の由に候」と書かれている（広野孫三郎宛）。末尾には「肝要の由に候」とあるので、元明への忠勤を誓わせたのは四人の宿老の考えでなく、あくまで信長の意向である。「由」は、上位の人の意向を伝える際に用いられる奉書文言なので、この史料は信長の意向を伝えた奉書である。ただ、梶氏宛の文書には、「由」の文言がないので、今後の検証が必要である。

後年、信長は支配地域に重臣を送り込み、権限を与えたうえで支配に臨ませた。ただし、この段階では、あくまで信長の意向を汲んでおり、さほど自由な権限を与えられたわけではない。光秀らは信長の意を奉じ、役割を果たしていたのである。

†光秀の単独文書

次に、光秀が発給した、単独の文書を確認することにしよう。永禄十二年(一五六九)四月以降、京都の阿弥陀寺(京都市上京区)には、光秀らから複数の安堵状が与えられた。永禄十二年四月二十五日付の室町幕府奉行人奉書(清玉上人《せいぎょくしょうにん》宛)では、阿弥陀寺の敷地について、当知行の安堵がなされている(「阿弥陀寺文書」)。宛先の清玉上人は、天正十年(一五八二)六月二日の本能寺の変で信長が横死したあと、信長の遺灰を持ち帰って墓を築いたといわれている。尾張の出身でもあり、少なからず織田家と縁があったようである。

こうした安堵状は、ほかに複数の発給を確認できる。室町幕府奉行人奉書に次いで発給されたのは、同年六月十五日に幕臣の和田惟政が清玉上人に発給した安堵状である(「阿弥陀寺文書」)。史料中に「(義昭の)御下知の旨に任せ」とあり、それが先述した清玉上人宛の室町幕府奉行人奉書であるのは明らかである。惟政は畿内の諸政に関わっていたので、その延長線上に発給された安堵状ということになろう。

同年六月二十一日、光秀は清玉上人に対して、これまでの安堵状と同趣旨の文書を発給した(「阿弥陀寺文書」)。史料中には「(義昭の)御下知をもって仰せ付けらるる由、もっともに候」とあり、「義昭の下知により仰せ付けられたとのことで、それに従うのはもっともなことである」とやや距離を置いた表現になっている。惟政の発給文書が義昭の命に基づく命令であるのに対し、光秀のほうは義昭の命を補完する意味合いが強い。清玉上人は幕府系統の指示命令の発給文書だけでなく、京都の諸政に関与する光秀の文書を欲した可能性が高い。

同年十二月十七日と十八日、信長の伊藤氏ら三人の奉行人は、清玉上人と百姓に対して阿弥陀寺の寄進領を安堵する旨を伝えた（「阿弥陀寺文書」）。史料中には、これまでと同じく義昭の御下知に任せること、信長が疎略にしない旨が書かれている。清玉上人は、最終的に信長からの保証を欲したようである。このように、畿内の諸政は本来では室町幕府が所管するところであるが、光秀、ひいては信長の保証を欲した状況がうかがえる。

†朝廷への援助

元亀二年（一五七一）九月、信長は朝廷の困窮ぶりを見かねて、厳しい財政を立て直すことにした。同年九月晦日、光秀ら四人の奉行衆（嶋田秀満、塙《ばん》（原田）直政、松田秀雄）は、阿弥陀寺（京都市上京区）などの寺社に課税の通告を行った（「阿弥陀寺文書」など）。依頼状を送った数は、五百から六百になったといわれている（『言継卿記』）。内容は、公武の御料所と寺社本所領のうち、課税免除の地、私領、買得《ばいとく》（物を買い取ること）、屋敷が課税の対象となった。それぞれ田畠一反（約九百九十平方メートル）につき一升ずつを、十月十五日から二十日の間に妙《みょう》顕寺《けんじ》（京都市上京区）に運上するというものである。もし、隠し置くようなことがあれば、所領を没収するという厳しい処分が科された。史料中の「仰せ出だされた」主体は、信長であろう。

光秀以外の奉行衆の顔ぶれを確認しておこう。嶋田秀満は、信長の尾張時代以来の奉行人である。塙（原田）直政は信長の馬廻を務めており、のちに山城守護になった人物である。松田秀雄は事蹟に不明な点が多いものの、幕臣だったのはたしかである。秀雄が一番奥に署判をしているところをみると、全体を統括する立場にあったと考えられる、逆に、光秀は日付の下に署判を加えているので、実務的な立場にあった。この四名は、信長の家臣と義昭の家臣の混成部隊だったといえる。

同年十月十五日、光秀以下の同じ四名は立売組（京都市上京区）中に依頼を行った（「上京文書」）。朝廷の費用を賄うため、洛中・洛外から集めた米を京都の町に貸し付け、その利息を費用に充てようとしたのである。利息は三十パーセントで、元亀三年一月から毎月、一町につき一斗《いっと》二升《にしょう》五合《ごう》を進納するように命じた。

同年十一月二十四日、下京惣町（京都市下京区）は二百五十石を預かった旨を光秀、直政、秀満に報告した（「立入文書」）。翌年からは、三十パーセントの利米《りまい》を納めることも確約している。受け取った光秀以下の三人は、それぞれ花押を据えて、この文書を返却している。松田秀雄の名前がないのが不思議である。考えられるとすれば、光秀以下の三名（直政、秀満）が実働部隊であって、秀雄は実務には関与しなかったのかもしれない。朝廷の財政を援助するのは幕府の役割であったが、大きな期待ができないがゆえに、信長が主導せざるを得なかったのだろう。その際には、信長の家臣だけではなく、義昭の家臣も加えたと考えられる。

†光秀と曾我助乗

光秀が単独で発給した文書には、曾我助乗《そがすけのり》宛のものがある。曾我助乗は義昭の配下にあり、一番衆を務めていた（『永禄六年諸役人附』）。義昭と信長との決裂後、助乗は義昭に従っていたが、のちに豊臣秀吉に仕えたといわれている。元亀元年（一五七〇）に比定される五月九日の光秀書状（曾我助乗宛）には、次のような内容が書かれている（「反町氏寄贈文書」）。

光秀は五月九日に越前に出発することになり、新町で所用が生じた場合は、助乗に申し触れるようにと申し付けておいた。もし、新町で何かあったときは助乗に対応をお願いしたい、という意味になろう。光秀が越前に出発したのは、朝倉氏を討伐するためである（結局、浅井長政《ながまさ》に裏切られたために撤退した）。新町は京都市内であるが、詳しい場所までは特定できず、光秀が申し付けた相手も定かではない。

推測するならば、光秀は新町で何らかの案件を抱えていたのかもしれない。もし何かあった場合は、とりあえず助乗に相談するよう、新町の住人に申し付けていたのだろう。光秀が事後のことを助乗に依頼したのは、浅からぬ関係にあったからに違いない。このとき光秀が信長の家臣ではなく、義昭配下の助乗を頼ったところを見ると、光秀が義昭と信長の両方に仕えていたことは首肯できなくもない。

光秀と義昭の関係については、次に示す事例でも確認できる。永禄十二年（一五六九）十一月、義昭は信長と相談し、阿波、讃岐《さぬき》を平定しようと目論んだ。その際、安芸《あき》の毛利氏にも使者を遣わし、阿波、讃岐を根切りにすべく協力を依頼した（「益田家文書」）。一方で義昭は、大坂本願寺が門徒に命じて、三好氏の支援を呼び掛けているのではないかと疑った。義昭の御内書を見て驚いた本願寺の顕如《けんにょ》は、ただちに事実無根であると明智光秀に書状を送り、義昭へ申し入れてほしいと依頼した（『顕如上人御書札案留《ごしょさつあんどめ》』）。このような事例に即してみても、光秀は義昭と大坂本願寺の取次的な役割を果たしていたことがわかる。

元亀二年（一五七一）八月、信長は小谷城《おだに》（滋賀県長浜市）の浅井長政を討つべく出陣した（一連の戦いは後述）。その際に発給された元亀二年に比定される八月二日付の光秀書状は、芦浦観音寺（滋賀県草津市）に宛てたものである（「芦浦観音寺文書」）。内容は、路次について安全に通過できるよう、協力を依頼したものである。八月十八日には交戦状態に入るだろうから、あらかじめ心得てほしいとも述べている。史料中で信長のことを「殿様」と呼んでおり、光秀が信長から軍事動員を命じられたのは明らかである。

元亀二年八月、白井河原(大阪府茨木市)の戦いが勃発し、高槻城主の和田惟政が荒木村重《むらしげ》、中川清秀《きよひで》の連合軍に敗れ、討ち死にした。そうした事態を受け、同年九月二十四日に光秀は約千の兵を率いて、高槻に出陣した。その翌日、奉公衆の一色藤長《いっしきふじなが》、一色昭秀《あきひで》、上野秀政《ひでまさ》が同じく千ほどの兵を率いて高槻に向かった。奉公衆が義昭の命で動いたのは明白であるが、光秀はどうなのだろうか。これより以前、光秀は信長に従って、比叡山の焼き討ちに出陣していた。九月二十四日の段階で、光秀は近江にいたと考えられるので、義昭の命令で出陣をしたのではなく、信長の命に応じた可能性が高いのではないだろうか。軍事行動において、光秀は義昭の指示命令系統ではなく、信長の指示命令系統にあったと推測される。

†信長と義昭の関係悪化

信長は義昭を推戴して入京を果たし、可能な限り援助に努めていたが、二人の関係は徐々に悪くなっていった。理由は、義昭が将軍としての自身の立場を強調するだけでなく、天下=畿内を治めるのにふさわしくない行動が目立ったためで、信長は怒り心頭だったと考えられる。

永禄十三年(一五七〇)一月二十三日、信長は五カ条の条書を定め、義昭に認めさせるという行動に出た(「成簣堂文庫《せいきどうぶんこ》所蔵文書」)。この条書の宛先は光秀と朝山日乗になっており、文書の袖には義昭の黒印が押されている。

袖とは、文書のはじめの端の余白になっている部分のことである。義昭は条書を確認したあとに黒印を押したと考えられるので、信長からの意見を承認したということになろう。もともと義昭にしてみれば、上洛して室町幕府を再興することがまず必要であり、さらに自らが天下を差配することが最大の目的であった。義昭にとっての信長は、手駒の一つと考えたのかもしれないが、互いの立場は突如として逆転したのである。

条書の内容を要約すると、①義昭が諸国に御内書を下す際は、信長に命じて副状を発給させること、②これまでの義昭の下知は無効とし、よく考えたうえで定めること、③将軍に対して忠節を尽くす者に恩賞を与える際、与えるべき所領がない場合は、信長の領国内の所領を将軍の命令により提供すること、④天下のことは信長に任せたのであるから、将軍の意見を得ることなく、道理にしたがって成敗すること、⑤天下が平和になった以上は、朝廷を疎《おろそ》かにしてはならないこと、の五点である。

もう少し、条書について考えてみよう。信長にとってみれば、将軍を支えながら天下を差配するという立場を取っていたので、義昭の独断専行でことを進められるのは、非常に具合が悪かったと考えられる。①については、義昭が書状を出す際は、信長の副状が必要なので、自由に手紙すら出せないということになる。義昭は多くの大名に馬を所望したり、将軍への忠節を求めるなどし、ときに大名間の紛争解決に臨んだりした。②については、①に関連して、これまでの義昭の下知を無効とするもので、再考を促している。

③は、一見すると将軍に対する配慮が見られるが、実際はどうなのだろうか。家臣に対しては、信長の所領から知行地を割いて与えることになっているが、往時のような経済基盤を持たない義昭が自由に与えられなかったのは明白であろう（後述のとおり寺社本所領を与えていた）。義昭が家臣に知行を与える場合は、信長に相談をせねばならず、その指示に従わざるを得なかったのである。

④はさらに手厳しく、信長は義昭の意向を無視して、自分が天下の差配を行うと明言している。この条項は③とも関係するが、義昭は家臣に恩賞を与える際、寺社本所領を宛てがうことが多く、かなりの混乱をもたらした。その都度、信長が紛争に介入し、義昭の決定を覆すことがあった。つまり、義昭の成敗は混乱に陥れることが多いので、信長自身が解決してやろうとの決意だろう。先に取り上げたように、信長は義昭の御下知を守護遵行状のような形で補完していた。今後は、そうした形式をさらに徹底するという、信長の意識のあらわれである。

そのなかで重要なのは⑤で、天下が収まったのだから、朝廷に対する配慮を忘れてはいけないという忠告である。少なくとも信長は、先の四カ条で義昭を強く牽制しているが、決して修復が不可能なほど仲違いしたわけではない。これまで室町幕府は朝廷の儀式や改元などに際して、財政的な援助を行ってきた。幕府が朝廷を支えるのは当然の責務であるから、信長はその点を念押ししたのである。

この五カ条からは、信長の義昭に対する強権的な態度ばかりが強調されるが、果たしてそう考えてよいのだろうか。考え方によっては、信長が義昭を叱責し、「しっかりしてほしい」という気持ちを強い言葉で伝えたようにも思える。義昭は家臣への所領の付与すら満足にできず、ほかの大名との関係ばかりに目が向いていた。信長は改めて、足元（朝廷、家臣）をしっかり見つめるよう促したのである。

†光秀と日乗に差し出された意味

この条書には、先述のとおり袖に義昭の黒印が押され、宛先は光秀と日乗という、変わった形式になっている。袖判そのものは珍しくなく、家臣の発給文書に当主が袖判を据え、文書を保証するような形態はある。この点については、三つの考え方があろう。一点目は、信長が条書の内容を義昭に認めさせたうえで、光秀と日乗が証人になったという見解がある。日乗の立場はもともと中立的なものであり、光秀も義昭に仕えていたのであるが、信長にも仕えていたので中立的立場にあったという考え方である（高柳：一九五八）。とはいえ、信長や義昭よりも、はるかに格下の光秀や日乗が証人になることに意味があるのかという疑問が残る。

二点目は、信長が条書の内容を義昭に認めさせたうえで、そうなった事実を光秀と日乗に伝えたという考え方である。ただし、宛名を先に書いたか、あとに書いたかという問題が残るうえに、二人に伝えることには積極的な意味は見出せない。三点目は、信長が条書を光秀と日乗に送り、受け取った光秀と日乗が義昭に条書を示し、義昭が袖に黒印を押したという考え方である。身分的に見れば、信長が義昭に対して、直接書状を送るのは憚られたに違いない。光秀と日乗は中立的な立場だったので、取次として、信長と義昭の間を取り持ったのではないだろうか。そのように考えるならば、もっとも自然な流れということになろう。

日乗とはいかなる人物なのか。日乗は政僧として知られており、永禄十年（一五六七）以降は信長と朝廷との間の周旋にあたるとともに内裏修繕奉行を務めていた。日乗は三好三人衆によって、摂津で囚われの身になっていたが、永禄十一年四月に勅命によって解放された。どちらかといえば、朝廷サイドの人物といえよう。永禄十二年一月、日乗は将軍・足利義昭のもとで毛利氏と大友氏の調停を斡旋し、吉川元春のもとに下ったことがある（『吉川家文書』）。同年七月、日乗は信長から伊勢国に千石の所領を付与され、さらに天目茶碗、脇差、馬鞍《うまくら》などを与えられたという記録がある（『言継卿記』）。このとき日乗は、義昭の使者として美濃に派遣されていた。まさしく信長と義昭の間を取り持っていたといえる。

光秀と日乗の二人に共通するのは、それぞれ信長、義昭、朝廷の間を取り持ちながら、実務をこなしていたことである。永禄十三年三月六日、信長は光秀と日乗に命じて、公家衆の知行地について尋ねさせている（『言継卿記』）。信長は光秀と日乗を直接起用することで、この問題の解決に臨んだのであり、先の五カ条の影響が少なからずあったに違いない。こうした事実を考慮するならば、先の条書は京都支配で実務を担当した光秀と日乗の二人が信長の方針を義昭に伝え、そのまま袖に黒印を押してもらったと考えるほうが自然である。将軍が京都に存在することから、訴訟などの面でさまざまな面倒が生じていた。義昭が信長に承服することにより、京都支配は円滑に進むことになったのである。

†禁中御修理、武家御用

信長が条書を定めた永禄十三年（一五七〇）一月二十三日、信長は近畿、中国、中部、北陸方面の諸大名に触状《ふれじょう》を発した（『二条宴乗《えんじょう》日記』）。内容は禁中の修理と武家（義昭）の御用および天下静謐《せいひつ》のために、来る二月中旬に信長が上洛するので、各大名にも上洛を促し、お礼を申し上げるように伝えたものである。五カ条の条書に「天下のことは信長に任せたのであるから、将軍の意見を得ることなく、道理にしたがって成敗する」とあるので、触状でそれを実行したとの意見もある。あるいは、織田信長研究の権威であった奥野高廣氏の研究によると、「将軍義昭が屈服するであろうことを予見した信長の（五カ条の条書に続く、筆者注）第二弾」と指摘されている（奥野：一九六〇）。

歴史研究家の桐野作人氏は触状について、①「信長が義昭に代わってその軍事動員権を行使できることを実際に確認する」、あるいは②「室町殿に代わる信長の権力を一段と強化するための布石」と積極的に評価をしている。桐野氏は触状が早い段階から構想されていたとして、永禄十二年八月十九日付の日乗書状（毛利元就《もとなり》など宛）に「信長は（中略）、五畿内、紀州、播《はり》磨《ま》、丹波、淡路、丹後、但馬《たじま》、若狭、右十二ヶ国一統ニ相〆、安房《あわ》（阿波）、讃岐か、又は越前かへ、両方に一方申し付くべき躰に候」という一節を引用している（「益田家文書」）。

桐野氏は「信長が十二カ国の大名・国衆を動員して、阿波・讃岐か越前を攻めるつもりだった」と解釈している。桐野氏は、先述した①の見解を意識したものと考えられるが、「信長が十二カ国の大名・国衆を動員して」という解釈は不適切で、「信長は十二カ国を一統（統一）して」とすべきであろう。そのうえで、阿波・讃岐（三好三人衆の本拠）か越前（朝倉義景）を攻める計画だったということになる。十二カ国の兵を動員するとは書かれていない。

諸大名に発した信長の触状は、信玄の手元にも届いた。元亀元年（一五七〇）四月十日付の武田信玄書状（一色藤長宛）には、「当出頭の人（信長）より、隣国の諸士に対し、書状の認め様、上意（義昭）御下知の由に候、これに就き、存分を彼の口上に雇い候事」と書かれている（『玉英堂古書目録』一一四号所収文書）。宛名の一色藤長は、義昭の申次衆である。桐野氏は同書状の「就之存分雇彼口上候事」の部分について、「これに就きての存分、彼の口上に雇（むく）い候事」と読んでいる（「雇う」に「むくいる」という読みは確認できなかった）。そのうえで、「信玄は皮肉を込めながら、触状が義昭の上意かどうか疑っており、信長のやり方に不満をもっている」と指摘している（以上、桐野：二〇一四）。

ただ、右の部分を訳すと「当出頭の人（信長）から隣国の諸士に対する書状の書き方は、上意（義昭）の御下知になりましょう」という意になり、信長の名前で書状を送っているが、義昭の意向であることを認識している。後段では、信長の考えを彼の口上（義昭の言い分）として借用していると記しているので、触状が義昭の上意かどうか疑っているとか、信長のやり方に不満があるとか、一概にこの段階では言い難い。単に信玄は、信長が自分の言いたいことを義昭が言ったように見せかけていると思っただけである。

このとき信玄は、義昭に駿河から一万疋《びき》を将軍家に進上すること、藤長にも五千疋の所領を与えるなど、義昭に急接近を試みていた。信玄は見返りとして、勝頼《かつより》に一字拝領と官途の授与を依頼している（実現せず）。

五カ条の条書や触状に関しては、信長がやがて義昭を退けて軍事動員権の行使をしたり、自らの権力を高めるための第一歩の手段（あるいは連続した手段）とこれまで受け取られてきた。改めて五カ条の条書の四条目を読むと、「天下のことは信長に任せたのであるから、将軍の意見を得ることなく、道理にしたがって成敗する」と書かれている。信長は自分が思い通りに何事もするのではなく、あくまで「道理」を基準にすると明確に述べていることは重要である。道理とは難しい概念であるが、「正しいあり方や筋道」の意がある。

触状で信長が呼び掛けているのは、禁中御修理（禁裏の修理）であり、武家御用（将軍家の用向き）であり、天下（畿内）静謐であった。それが、信長のいうところの道理であり、義昭がなしえなかったことになろう。つまり、信長はこの段階で権力を掌中に収めようとしたのではなく、将軍である義昭ができないことを代わりに実行しているという認識だった。したがって、五カ条の条書と触状の意味は、義昭が将軍としての役割をきっちり果たさないため、信長が代わりに道理に基づいて、実行することを宣言したと評価できる。

†光秀の両属について

光秀が越前滞在中から義昭と親交があり、加えて信長との間を取り持ったことから、二人に仕えていたとの説はおおむね承認されている。ただし、それは段階を追って考えたほうが、良いように思えるので、改めて検討してみたい。まず問題となるのは、元亀元年（一五七〇）四月十日付で東寺の禅識なる人物が室町幕府奉行人の松田秀雄、飯尾照連に宛てた書状である（「東寺百合文書」）。この史料をもとに、少し考えてみよう。

この史料は、光秀が下久世荘《しもくぜのしょう》（京都市南区）を押領し、年貢や公事物を納めないことについて、禅識が訴えたものである。同書状によると、光秀の言い分は、上意（義昭）によって同荘を与えられたというもので、禅識は公儀（義昭）に解決を望んでいるのである。この事実によって、光秀は信長の配下にありながらも、一方で義昭にも仕えたという有力な根拠の一つとされた（高柳：一九五八）。ポイントは、上意を義昭の意向としたことであるが、公儀は誰なのかを示していない。当時、家臣が二人の主人に仕えるということは、さほど珍しいことではなかった。安国寺恵瓊《えけい》などは毛利氏に仕える一方、その才覚を認められて、豊臣秀吉のもとでも活躍していた。こうした例は、ほかにも散見される。

私見を述べると、高柳氏の解釈は成り立たないと考える。年未詳の「山城久世荘年貢算用状案」の「東寺八幡宮領下久世荘年貢米之事」の箇所には、「永禄十一年、上様（織田信長）ご出張の砌《みぎり》、明智拝領の由を申され、押領し候」とある（「東寺百合文書」）。つまり、永禄十一年に信長が義昭を推戴して上洛した際、光秀は信長から下久世荘を拝領したと称して、押領していたのである。出張（上洛）した上様は信長であるから、義昭ではありえないので、光秀は信長から下久世荘を拝領したと考えられる。「山城久世荘年貢算用状案」では足利義昭を公方様と書いており、信長を上様と書いているので、義昭と信長を示す際の言葉に明確な使い分けがあったのは間違いない。

†上意と公儀

改めて、禅識の書状に戻ろう。同書状の末尾には、「公儀」として光秀の妨げを退けるよう命じていただくべく、（奉行人に）披露をお願いしたい、と記されている。仮に公儀が義昭とするなら、義昭が光秀に与えたものについて、妨げになるので退けて欲しいと禅識から訴えられるのは違和感がある。その点を考慮すると、禅識は「上意」と「公儀」という二つの言葉を使い分けていると考えられる。それは、「山城久世壮年貢算用状案」で示したとおり、東寺の関係者は義昭と信長を示す言葉を使い分けていたということになろう。

一般的にいえば、「上意」は「主君の意見。上に立つ者や支配者の考え、または命令」のことを意味する。「公儀」とは、「将軍家、幕府」を示し、戦国期では当該地域の支配者を意味することもある。素直に解釈すると、禅識の書状における「上意」は信長、「公儀」は義昭になると考えてよいだろう。光秀は信長から下久世荘を与えられたのであるが、その主張に東寺は困惑しているのであった。そこで、「公儀（義昭）」によって、何とか措置をお願いしたいと申し出ているのである。光秀は京都市政に携わっており、信長に直接申し出ても、解決は極めて困難である。それゆえに室町幕府つまり義昭を頼ったといえよう。

以上のとおり、元亀元年（一五七〇）四月十日付の禅識の書状は、義昭が光秀に所領を与えた根拠にはならないと考える。

　ほかの事例も確認しておこう。元亀二年（一五七一）十二月、光秀は三門跡（曼殊院、青蓮院、妙法院）領を延暦寺領と号して、押領したことがあった（『言継卿記』）。このとき三門跡側は室町幕府を通じて信長に依頼し、三門跡領を回復させようと考えた。幕府側の担当奉行は、飯川肥後守だった。結局、幕府の対応は遅々として進まず、この件の措置は、正親町《おおぎまち》天皇の勅書によって解決がはかられようとした。幕府は御内書を下したようだが、まったく効果がなかったのである。同時に、朝廷は信長へ綸旨を送り、事態の解決を依頼した。幕府に期待できない以上、信長を頼らざるを得なかったのである。

　したがって、先の下久世荘の一件も同じことであり、信長配下の光秀が起こした問題は、とりあえず室町幕府のもとに持ち込まれたようである。室町幕府も京都市中の市政を担当するのだから、当然のことといえるだろう。室町幕府が事態を収拾できなければ、さらに信長のもとに持ち込まれた。これまでの光秀の立場に関しては、信長と義昭に仕える両属性が強調されてきた。その根拠の一つは、義昭から所領を与えられたということになる。しかし、下久世荘の事例を確認したように、その事実は疑わしい。ましてや、室町幕府は光秀をコントロールできなかったのである。では、改めて光秀が義昭に仕えていたということに関しては、どのように考えるべきなのであろうか。

が曇華院領・山城国大住荘の押領に及んだので、訴えを受けた信長は曇華院雑掌に対して、同院領などの直務を認めている。さらに、明智光秀以下四名が署名した連署状が発給されており、同趣旨のことが大住荘の名主・百姓に述べられた。光秀が奥に署判を加えているので、四名の筆頭にあったことはたしかである。

改めて先述の元亀二年七月の事例に戻ると、七月十九日に至って、信長は義昭の近臣・上野秀政と三淵藤英《みつぶちふじひで》に対して書状を送った（「曇華院文書」）。内容は、将軍が山城国大住荘に給人を付けたことの実否を問い、昨年来の一色藤長が押領を退けたのに嘆かわしいことであると申入れを行ったことを確認できる。信長が将軍の非法を訴えているのだから、幕臣を通して申し入れるのは当然のことである。

同年七月五日と同月十九日付の信長の書状は、それぞれ明確な使い分けがある。前者（七月五日）は大住荘の直務の問題を取り上げ、義昭の近臣である秀政と一年前にその問題を扱った実務担当者の光秀に宛てている。将軍に対しては、近臣の立場である秀政と実務担当者の光秀から報告せよとのことになろう。光秀が山城支配に携わっている以上、義昭との交渉は避けられない。必然的に関係せざるを得なくなる。後者（七月十九日付）は、将軍の給人という具体的な問題であるので、秀政と藤英という将軍の近臣に宛てているのである。

同年七月二十日、木下（羽柴）秀吉と武井夕庵は、連署して大住荘の名主・百姓に書状を送った。内容は、大住荘について、信長と義昭が曇華院に直務を認めたことは明白であること、給人を付けたことは義昭も知らなかったこと、信長から義昭に当荘のことは相違なき旨を申し入れたこと、年貢は二重成《ふたえなし》（二重に年貢を納めること）になるので他納しないこと、を申し伝えている。このように見ると、光秀の立場は京都市政の担当者であり、かつ義昭への取次的な要素が色濃いものと考えられる。

†三好氏の事例の検討

元亀元年（一五七〇）八月、信長は三好三人衆と死闘を繰り広げていたが、戦局は信長が有利なまま戦いが推移した。そして、ついに三好三人衆の一人で、三好政康の弟である為三《いさん》が降伏するに至った（『言継卿記』など）。同年九月二十日、信長は降参した為三に摂津国豊島郡を与えた（「福地源一郎氏所蔵文書」）。豊島郡とは、現在の池田市の全域、豊中市、箕面《みのお》市の大部分、吹田《すいた》市一部を含む広大な領域である。翌元亀二年六月十六日、信長は為三に対して、榎並（大阪市城東区）が為三の本知であるので給与しようとした（「福地源一郎氏所蔵文書」）。そこで、信長は伊丹親興の近所に為三の所領があるので交換すべく、親興に取り計らうよう明智光秀に命じたのである。榎並は為三の本知だったが、何らかの契機に親興の手に渡ったのだろう。

元亀二年七月三十日、義昭は先の信長の意向を取り次いだ形で、三好政康の跡職と為三の当知行を安堵した(「狩野亨吉氏蒐集文書」)。義昭の文書の末尾には、「猶《なお》、光秀申すべく候」と記されている。光秀は、義昭の使者の役割を果たしていた。為三の所領の扱いは、最初に信長が摂津国豊島郡を与え、次に信長が光秀に対して、為三と伊丹氏との所領の交換を円滑に進めるよう命じた。それらの経緯や信長の意向を踏まえたうえで、義昭が為三の当知行などを安堵した。では、光秀がどちらに比重を置いていたかと言えば、やはり信長の家臣としてであろう。実務を掌握していたので、義昭の使者として為三のもとに派遣されたと考えられる。

つまり、光秀は信長の配下にあって、京都市政を中心とした政策の実行者であるとともに、信長と義昭との間を取り持つ役割を担っていた。案件によっては、光秀と義昭の家臣は連署状を発給したり、あるいは信長が光秀と義昭の家臣に対して、義昭の考えを質すよう依頼することもあった。そういう意味で言えば、光秀は義昭の純粋な家臣というよりも、ときに義昭の取次という職務を帯びていたというべきなのかもしれない。光秀にその役割が与えられたのは、京都支配の実務を取り扱うという立場に加え、義昭側の要望も加味されたと考えられる。光秀は両属というよりも、信長と義昭を取り持つ複雑な立場にあったのである。

†心労多き光秀

こうして複雑な立場に置かれた光秀には、早い段階から多くの心労が伴ったと推察される。

年月日未詳（元亀二年・一五七一年に比定）の光秀書状は、義昭の側近・曾我助乗に宛てたものである（「神田孝平氏所蔵文書」）。

従来、この文書の解釈については、國學院大學の高柳光壽《みつとし》氏の見解が有力視されてきた（高柳：一九五八）。それは、「光秀が義昭から暇をもらう件で、助乗から御懇志をいただきかたじけない。とにかく（義昭の）行く末に見込みがないので、義昭から暇をもらって、（光秀が）薙《ち》髪《はつ》するよう取り成しを頼む」という解釈である。高柳氏は理由は不明としながら、「光秀は義昭に奉公するのは嫌だ、将来の見込みがない、だから追放して入道するようにさせてくれ」と述べている。

私の解釈は少し違う。光秀は自らの進退について、義昭に（助乗を通して）暇を申し上げたところ、助乗から御懇志をいただきかたじけない。とにかく（光秀の）行く末の身上が成り立ち難いので、すぐに暇をもらえるよう、（光秀自身が）出家をする覚悟なので、取り成しを（助乗に）お願いしたい、ということにならないだろうか。ちなみにこの続きで、光秀は鞍を助乗に進呈している。

私の解釈では、身上が成り立ち難いのは義昭でなく光秀であり、光秀は出家をすると言っているのではなく、出家する覚悟を示したという点に高柳説と相違がある。普通に考えると、いくら家臣の助乗に対してであれ、光秀が「義昭の将来には見込みがない」などとは言わないだろう。出家をするというのも、光秀の覚悟を示したに過ぎないと考える。ただし、光秀が義昭のもとから離れたいという結論は、同じことである。

この史料を収録した『大日本史料』には、年未詳八月十四日付の信長書状（細川藤孝宛）を元亀二年に比定して収録している（「革嶋文書」）。綱文では「足利義昭、明智光秀を譴責《けんせき》す」と書いているが、そうとは読めない。信長は将軍から指示された条々を了承し、条々の頭書についてもよく考えたうえで、光秀に申し付けたので、その旨を義昭に御披露願いたい、と藤孝に依頼しているのである。おそらく、光秀書状（曾我助乗宛）が義昭に暇を請うた内容なので、光秀と義昭の関係が悪化したと捉えたのだろう。

『大日本史料』では右の史料に関連付けて、光秀が助乗に対して、下京の壺底分の地子二十一貫二百文を与えた史料を載せている（『古簡雑纂』）。元亀二年（一五七一）十二月のことである。地子を与えた理由は、助乗に公儀（義昭）への取り成しを依頼したからだった。取り成しの具体的な中身は不明であるが、先に取り上げたとおり、『大日本史料』などは光秀が義昭から暇をもらいたいという一件の可能性が高いと考えたのであろう。仮に、これが正しければ、光秀は元亀二年十二月の段階で、早くも義昭との関係がこじれていたことになる。

元亀三年に比定される五月十九日付の光秀の書状（曾我助乗宛）は、近江侵攻に際しての報告である（「細川家文書」）。光秀は城下に放火したこと、敵の城三カ所を落として、今日帰陣することなどを述べている。本文の末尾では、義昭に披露することが肝要であり、情勢に変化があったら、追々申し上げると結ばれている。尚々書（追伸）の部分では、（義昭に）取り成しをお願いしたいとある。光秀が助乗を通して、義昭に取り成しを依頼していたのは事実であり、光秀が何らかの事情によって、義昭のもとから離れたいと思ったのも事実である。

次章で触れるとおり、光秀は元亀元年十二月頃に宇佐山城（滋賀県大津市）の城主に任じられた。元亀二年九月の比叡山焼き討ち以後、光秀は信長から志賀郡の支配を認められ、坂本城に城を築いたと考えられる（『信長公記』）。つまり、元亀元年末頃から元亀二年九月頃までの間が一つの画期であり、光秀は先の書状のとおり完全に義昭のもとを離れ、信長の配下に加わったと考えられる。それゆえ、光秀は助乗を通して、義昭に取り成しや披露を依頼しなくてはならなくなったのだろう。

†光秀の立場

改めて光秀の立場を確認しておきたい。光秀が義昭のもとから離れたいと、自身の書状で書いているのは、取次的な役割を辞退したいということになろう。いずれにしても、光秀の立場は実に複雑である。永禄十一年（一五六八）に信長が義昭を推戴して上洛以降、二重政権として畿内支配が展開された。光秀自身も積極的にかかわったが、ここまで述べてきたとおり、義昭の力量は大変危ういもので、むしろ信長の力が必要だった。とはいえ、天下（畿内）の成敗権は義昭の掌中にあったのは疑いない。

そういう事情から、信長が義昭をサポートしながら、実務面では信長の家臣と義昭の家臣による共同統治というスタイルを取らざるを得なかった。彼らが連署状や連署奉書を発しているのは、その証といえるであろう。しかし、義昭は室町幕府が本来果たすべき役割（朝廷への奉仕など）を履行せず、ほかの大名との関わりを求めるようになった。

こうして信長が義昭に敢然と要求したのが、五カ条の条書である。そこでは義昭の怠慢ぶりをあげつらい、自身が積極的に天下成敗を行うと高らかに宣言した。そうなると、つらい立場に追い込まれたのは、光秀にほかならない。ここまで見て来たとおり、光秀はときに京都市政を担当したり、信長の使者を担当したり、信長と義昭を取り次ぐ役を担当したり、と複雑な立場に追い込まれた。

時間の経過とともに、光秀は信長の軍事行動に動員されるなどし、信長との関係強化を志向した。恩賞として、近江志賀郡を与えられたのも、一つの契機になったであろう。そのような事情から、光秀が助乗に発したのが、義昭のもとから離れたいという意思表示である。それゆえに光秀は、助乗に義昭への披露や取り成しを依頼するようになった。光秀は信長に仕えていたのであり、義昭に仕えていたとは言い難いのである。

第四章

信長と義昭の決裂

†越前朝倉氏との攻防

信長が畿内で勢力を伸長すると、強い危機感を抱く者も出てきた。越前の朝倉氏は、早い段階から反信長の態度を示していた。元亀元年（一五七〇）四月、信長は若狭からのルートにより、越前の朝倉氏の領国へ攻め込んだ。織田軍は敦賀郡に侵攻して手筒山《てづつやま》城（福井県敦賀市）を落とし、金ヶ崎城、疋田城（以上、敦賀市）の攻略に成功した。そして、いよいよ朝倉氏の本拠の一乗谷（福井市）に攻め込もうとしたとき、盟友だった近江の浅井長政の裏切りを知った。信長は妹のお市を長政に嫁がせていたので、驚天動地の心境だったに違いない。

同年四月三十日、信長は金ヶ崎城に明智光秀と羽柴（豊臣）秀吉を入れると、朽木《くつき》越で琵琶湖西岸のルートをたどり、命からがら京都に逃げ帰った（金ヶ崎退き口）。ただ、この史料は一色藤長が得た伝聞に基づく情報（『武家雲箋』所収文書）であり、確実なものではないという指摘もある。実際に殿《しんがり》を務めたのは、秀吉だった可能性が高い。

四月三十日深夜、京都に戻った信長は、光秀と丹羽長秀を若狭に遣わし、若狭武田氏の家臣・武藤友益《ともます》の母親を人質に取った。二人は大飯郡の武藤氏の城を破却すると、五月六日に現在の福井県小浜市から滋賀県高島市を経由（針畑越え）して京都に戻った。信長が二人を若狭に遣わした理由は、浅井氏の裏切りによって、岐阜・京都間や越前方面の通路が塞がれたため、湖東方面の通路を確保しておく狙いがあったという。普通に考えると、単に二人が往復するだけで、通路を確保することなどできないだろう。武藤友益は信長が兵を挙げたとき、朝倉方に与していた。信長は友益が裏切ったので、いち早く兵を送り込んで降参させ、人質を取って手なずけることにより、態勢を立て直そうとしたと考えられる。

その後、信長は浅井氏への対策として、湖東から湖南方面にかけて家臣を配置した。宇佐山城（滋賀県大津市）に森可成《よしなり》、守山（同守山市）に稲葉一鉄《いってつ》父子と光秀家臣の斎藤利三、永原（同長浜市）に佐久間信盛《のぶもり》、長光寺（同近江八幡市）に柴田勝家《かついえ》、安土（同上）に中川重政を置き、浅井軍からの攻撃に備えた。一方の浅井長政は、鯰江《なまずえ》城（同東近江市）に兵を入れるとともに、近隣の市原野郷の助力を得て、信長が岐阜に戻る岐阜への通路を防いだ。両者ともに、総力戦の様相を呈していた。

†姉川の戦いと大坂本願寺との対決

元亀元年(一五七〇)六月以降、六角承禎父子が伊賀衆や甲賀《こうか》衆などの助力を得て、野洲《やす》川の近くで織田軍と戦ったが、敗北して退けられた。その後、織田軍は浅井方の家臣に調略を仕掛け、家臣を寝返らせることに成功した。信長は、長政の居城・小谷《おだに》城近くの虎御前山(滋賀県長浜市)に陣を置くと、近隣地域に火を放つなどした。浅井氏との小競り合いなどもあったが、未だ決定打には至らなかった。

同年六月二十八日、長政は約五千の兵を率いて出陣した。これに朝倉景健《かげたけ》の率いる約八千の兵が合流し、姉川(同長浜市)に向かったのである(兵数は諸説あり)。長政は野村郷に陣を置き、織田軍と対峙した。一方の三田村に着陣した朝倉軍に対しては、信長の救援に駆け付けた徳川軍が対応した。同日の午前六時頃に姉川を挟んで戦いがはじまると、織田・徳川軍が浅井・朝倉連合軍に勝利を収めた。浅井・朝倉連合軍の戦死者は多数に上ったが、一方の織田・徳川軍も大きな痛手を被ったという(『言継卿記』)。同年七月四日、信長は義昭に戦勝報告をするため上洛すると、同月七日には岐阜へと戻ったのである。

信長は浅井・朝倉連合軍との一戦で勝利を収めたが、それは反信長勢力が決起した序章に過ぎなかった。元亀元年七月二十一日、阿波に逃れていた三好三人衆は七、八千の兵を率い、摂津国に侵攻して野田城、福島城（大阪市福島区）に陣を敷いた（『言継卿記』）。そこには細川信《のぶ》元《もと》（昭元《あきもと》）、かつて美濃を支配した斎藤龍興らのほか、四国の有力な諸氏が参陣していた。野田、福島は、大坂本願寺に近い場所にあった。

同年八月二十日、信長は岐阜を出発して京都に入り、二十五日には摂津へと出陣した。その軍勢には将軍の奉公衆や公家衆も加わっており、総勢で六万余、あるいは二、三万ともいわれている（『尋憲記』など）。信長は天王寺（大阪市天王寺区）に着陣すると、三好三人衆の率いる諸勢に調略を仕掛け、すでに三好為三を寝返らせることに成功していた。同年八月三十日には、足利義昭も約二千の兵とともに摂津国に出陣した。

信長は大坂本願寺の近くに砦を築くと、陣を天満（大阪市北区）から海老江（同福島区）へと移した。信長は野田城、福島城に大砲を打ち込んで有利に戦いを進めると、三好三人衆は和睦の交渉を持ち掛けてきた。この申し出に対し、信長は落城が間近と考え、和睦交渉を拒否したのである。こうした状況に敏感に反応したのが、大坂本願寺の顕如だった。九月以降、信長に危機感を募らせた顕如は、美濃、近江の門徒に檄を飛ばし、仏敵の信長との戦いを命じた。顕如は野田城などが落城すれば、やがて自分たちが攻撃目標になると予想したのである。こうして、信長と大坂本願寺は、約十一年にわたる長期戦に突入した。

同年九月十日、北近江の浅井久政・長政父子は、大坂本願寺と同盟関係を結んだ（『顕如上人御書札案留』）。同年十月一日になると、大坂本願寺は阿波の篠原長房と同盟関係を締結し、互いに誓紙を交わした。やがて、阿波・讃岐からは、三好三人衆の約二、三万の兵が摂津国へ渡ってきた。それ以前の同年九月十二日、すでに大坂本願寺は織田軍と交戦状態に入っており、佐々成政は同年九月十四日の春日井堤（大阪市都島区）の戦いで怪我を負っていた。

†浅井・朝倉連合軍の挙兵

同じ頃、大坂本願寺や三好三人衆の動きに呼応した浅井・朝倉連合軍は、約三万の兵とともに近江を南下し、坂本（滋賀県大津市）付近に迫った。元亀元年九月二十日、森可成の籠る宇佐山城（同大津市）は、浅井・朝倉連合軍の攻撃で落城する。可成自身も討ち死にし、付近一帯は放火されて火の海となった。

勢いを得た浅井・朝倉連合軍は、同年九月二十一日に近江と山城の国境付近の逢坂を越えて、醍醐、山科方面に侵攻して火を放った。その一報を受けた信長は、明智光秀らを京都に戻した。同年九月二十三日、信長は摂津の陣を引き払い、直ちに義昭とともに帰京した。信長はあいさつに訪れた吉田兼見《かねみ》に対して、比叡山から白川（京都市左京区）を経て近江を越える、山中越

吉田兼見

えのルートの遮断を依頼し、自らは近江の坂本に軍を進めた。

その間、三好三人衆は河内の高屋城（大阪府羽《は》曳《びき》野《の》市）や山城の御牧《みまき》城（京都府久御山町）を攻め、攻撃を受けた野田・福島の両城の普請を行った。また、尾張・美濃方面の交通を遮断すべく、一向一揆が挙兵したが、それらの動きは羽柴（豊臣）秀吉によって封じられた。同年十一月になると、伊勢長島（三重県桑名市）の一向一揆が蜂起し、織田信興《のぶおき》（信長の弟）が籠る小木江《こきえ》城（愛知県弥富市）に攻め込むと、劣勢の信興は自害して果てた。こうして信長は、摂津方面の三好三人衆や大坂本願寺、近江の浅井・朝倉連合軍から挟撃されるような格好になったのである。

近江に至った織田軍は、穴太《あのう》、田中、唐崎（以上、滋賀県大津市）に軍勢を配置し、信長自身は宇佐山城（同大津市）に本陣を置いた。その際、光秀も織田方の軍勢に加わり、穴太に陣を置いたようであるが（『信長公記』）、同年九月二十六日には一色藤長ら幕府衆とともに帰陣した（『言継卿記』）。そのほか、八瀬、大原（京都市左京区）方面には山本氏らが、勝軍地蔵山《しょうぐんじぞう》（同左京区）には三好為三ら二千の軍勢が陣を敷いていた。

同年九月二十五日、織田軍と浅井・朝倉連合軍は青山、壺笠山（以上、滋賀県大津市）で交戦に至り、やがて戦いは一乗寺（京都市左京区）などに展開した。同年十一月二十五日、猪飼氏ら堅田衆が信長に与し、事態は急変した。信長は家臣の坂井政尚を堅田（滋賀県大津市）に入れたが、浅井・朝倉連合軍は反撃に転じ、政尚らは討たれたのである。

†勅命の講和

戦いの結果、浅井・朝倉連合軍は多数の討ち死にした者や怪我人を出し、織田軍も相当な数の戦死者を出した（『尋憲記《じんけんき》』）。元亀元年（一五七〇）十一月下旬になると、にわかに情勢に変化が出てきた。浅井・朝倉連合軍は堅田を死守したとはいえ、長い冬を乗り切る余力がなかった。三好三人衆に与同していた篠原長房は、松永久秀の調略に応じて和睦に踏み切った。長らく信長に敵対し続けた六角承禎父子も、ついに和睦に応じたのである。

こうした機運もあり、同年十一月二十八日に義昭と関白・二条晴良《はれよし》が三井寺《みい》（滋賀県大津市）で面会し、和睦に向けて話し合いの場を持った。条件の交渉は晴良が中心となって進め、近江北郡の所領に関しては浅井長政が三分の一、残り三分の二を信長に配分することでまとまった。しかし、比叡山は信長に根強い不信があったのか、和睦には容易に応じなかった。同年十二月九日、正親町天皇は比叡山領を安堵するという綸旨を出すと、信長は義昭に対して綸旨に同意

状を送った（「和田家文書」）。和田氏は、宇佐山城からほど近い雄琴《おごと》（滋賀県大津市）の土豪だった。秀純は近隣の土豪の八木氏とともに光秀に与することを約束し、鉄砲や弾薬の補給を受けて、仰木《おおぎ》（同大津市）を攻略することになった。信長は志村城（同東近江市）を攻略し、その後は長光寺（同近江八幡市）に全軍を結集する計画だったという。光秀は、信長から近江の土豪を調略する役割を与えられていた。

信長が比叡山の焼き討ちを実行したのは、同年九月十二日のことである。その様子は、『信長公記』に詳しく記されている。比叡山内の建物や経典は残らず灰燼《かいじん》と帰し、山内の僧侶、女性、子供も捕らえられ、悉《ことごと》く首を打ち落とされた。それは目も当てられぬ惨状であり、比叡山には焼けた建物とおびただしい死骸だけが眼前に広がった。信長は無宗教者だから、徹底的に宗教を弾圧したというが、それは誤った理解である。信長は寺社に所領の寄進をするなど、信仰心があった。信長が大坂本願寺や比叡山などに断固たる交戦を臨んだのは、単に彼らが宗教者としての本分を守らず、信長に歯向かったからに過ぎないのである。

†光秀と近江・大津城

比叡山の焼き討ち後、信長は直ちに家臣に恩賞を与えた。佐久間信盛は湖南地方の野洲《やす》郡、栗田《あわた》郡を与えられ、六角氏の旧臣である進藤、青地、山岡の三氏が新たに与力として付けられた。これにより、信長は美濃から近江を経て京都に至る経路を確保できたことになる。

光秀には、志賀郡が与えられた。志賀郡は現在の大津市域を占めており、比叡山の東麓に位置していた。光秀が居城である坂本城を築いたのは、比叡山麓の坂本だった。坂本は山中越えによって京都の白川（京都市左京区）に至るという、交通の要衝地だった。それは陸路だけでなく、琵琶湖の湖上ネットワークを生かした、水上交通の基点でもあったのである。とりわけ堅田は自治が行われており、堅田船という船団を保有していた。ルイス・フロイスは、堅田を「甚だ富裕なる町」と評した（『日本史』）。

光秀にも、近江や山城に本拠を持つ有力な与力が付けられていた。与力となった磯谷氏は山中（滋賀県大津市）、渡邊氏は田中（京都市左京区）、山本氏は岩倉（同上）と、山中越えのルートに本拠を構える土豪ばかりで、彼らは光秀と昵懇の吉田兼見の親類でもあった。高野（京都市左京区）に本拠を持つ佐竹氏も、この頃に光秀の与力になったと考えられる。光秀が築いた坂本城の記録は、『兼見卿記』元亀三年（一五七二）閏正月六日条で確認できる。この日は雪が降っていたが、坂本城の普請が行われた。同書の同年十二月二十四日条によると、坂本城には天主（天守）が築かれており、兼見は大変驚いたという。ルイス・フロイスの『日本史』は、坂本城が豪壮華麗で安土城に次ぐ名城と高く評価している。

天正六年（一五七八）一月、堺の豪商で茶人の津田宗及《そうぎゅう》は、坂本城で催された茶会に出席した。その後、宗及は安土城に向かったが、坂本城内から船に乗って、琵琶湖を利用した。また、近年の発掘調査により、中国から輸入されたと考えられる青磁、青白磁、白磁などのほか、大量の瓦、壺、甕、碗、鉢、擂鉢《すりばち》、天目茶碗、銭貨、鏡、刀装具、鋲などの遺物が発掘された。光秀の高い立場と富裕さをうかがえる調度品と評価できよう。

「異見十七カ条」の衝撃

　ここまで信長と義昭は微妙ながらも、関係を保ち続けていたが、ついに終焉を迎える。元亀三年（一五七二）九月、信長は「異見十七カ条」を義昭に送った。日付は元亀三年九月まで書かれているが、具体的な日にちまでは書かれていない。この「異見十七カ条」は、残念ながら原本が残っておらず、『信長公記』と興福寺別当、大僧正を務めた尋憲《じんけん》（二条尹房《ただふさ》の子息）の日記『尋憲記』に記載されている。以下、「異見十七カ条」のなかで、特に重要な箇所を取り上げて検討しておきたい。

　第一条には、義昭の兄・義輝が朝廷への奉仕が十分でなかったことを受け、信長は義昭に配慮を怠らないように申し出ていたとある。しかし、信長の忠告にもかかわらず、義昭は朝廷に対する配慮を失していたので、信長から指弾されている。幕府が朝廷に対して、経済的支援を行うなどの配慮を欠いていたことは、信長にとって見過ごすことができない問題だった。朝廷への奉仕が天下（畿内）を支配する、幕府の重要な役割と認識していたからであろう。同時にこの条文から、信長が朝廷を支援しようとした意図を読み取ることができる。

第二条では、義昭が御内書を発して、諸国から馬を徴発したことが信長から咎められている。その理由は先述のとおり、義昭が御内書を発給する場合は、信長の副状が必要であると取り決めていたからであり、義昭による約束違反であった。信長は形式として現役の将軍である義昭を戴きながらも、実質的には対等のパートナーとみなしていた証左となろう。ここでは副状と書かれているが、実質的には守護遵行状というべき性質のものである。

同時に、この前年の元亀二年には、本願寺顕如、浅井長政、朝倉義景、武田信玄、上杉謙信らに御内書を送り、反信長勢力を取り込もうとしたことが知られている。こうした事実についても、信長は承知していたのである。光秀が義昭に暇《いとま》を請い、信長に完全に仕えようと思ったのは、この理由が大きいのではないか。

第四条は、義昭が什器類《じゅうきるい》を他所へ移すとの噂が流れたことである。この噂によって、京都市中が騒ぎ立てていたという。義昭の本務は京都市中の治安維持であったが、これでは真逆のことを行っている。こちらも先述のとおり、信長がわざわざ義昭のために御所を造営していたので、急に引っ越すのは気分が良くなかったからだろう。信長は御所を造作したことが無駄になったと、憤慨しているのである。信長にしてみれば、義昭のことを思いやって御所を築いたのに、と強い不快感を抱いたに違いない。

†信長と義昭の完全な決裂

第五条、七条では、信長が昵近《じっきん》（親しく近侍している者）としている者を疎んじていること、また信長が口添えした人々を顧みなかったことを挙げている。いうならば、信長のメンツを潰したということになるのだが、裏返して言えば義昭に近しい人を優遇していたことになるのだろうか。第十条では、「元亀」の年号が不吉であるので改元を薦めたところ、これを無視して行わなかったとある。通常、戦乱、天候不順、飢饉などが続いた場合、必要に応じて改元を行った。改元には費用が掛かるので、幕府が朝廷に資金援助を行っていたが、それをしなかったということである。これは第一条と同様に、朝廷を疎かにしたということになる。

第十二条、十四条では、義昭が諸国から進上された金銀を不当に溜め込んでいること、城米（兵粮米）を売却して、金銀に交換していることを挙げている。第十六条では、義昭配下の兵卒が武具や兵粮を売り払い、金銀に換えていると指摘された。金銀を得た兵卒は牢人となって、義昭とともに京都を出奔するとのことが、下々まで噂していると記されている。つまり、信長は義昭が叛旗を翻し、京都を出て行くと考えたのである。たしかに金銀を貯め込んでいることは、戦争の準備と受け取られても仕方がないのかもしれない。

最後の第十七条で信長は、義昭が諸事について欲にふけっており、土民や百姓までもが義昭を「悪しき御所（悪い将軍）」と噂していると断罪した。それは、赤松満祐《みつすけ》に謀殺された六代将軍・足利義教《よしのり》に匹敵する存在であるとまで書かれている。この言葉こそが、信長の義昭に対する絶縁のメッセージだった。もはや義昭には将軍の資格はなく、信長が支える理由がなくなったのである。信長が義昭を支えたのは、室町幕府の将軍として畿内支配や朝廷の奉仕を行うからだった。それができず、義昭が私利私欲に走るならば、もはや用済みということになろう。「異見十七カ条」には、ほかにも義昭の悪行（信長から見れば）が書き連ねられているが、要するに「義昭は将軍の器ではない」と言いたかったのである。

「異見十七カ条」は、信長の義昭に対する金言《きんげん》（いましめや教えとして手本とすべき言葉）だったが、義昭は「異見十七カ条」を目にして、「金言御耳に逆り候」という感情を抱いた（『信長公記』）。信長の金言は、義昭に受け入れられなかったのである。結局、信長と義昭の関係は破綻し、両者は完全に反目したのである。

†義昭の挙兵

義昭は軍事力でこそ圧倒的に信長に劣っていたが、現職の将軍であるという最大の強みがあった。信長と決裂したにしても、各地には義昭に協力しようとする有力な諸大名が存在したの

雑説（根拠のない噂）があり、心もとないだろうと述べ、御用があれば承ると書いている。未だに情勢が落ち着かないがゆえの配慮だろうか。

天正元年（一五七三）四月二十八日、光秀は船大工の三郎左衛門に書状を送った（「渡文書」）。三郎左衛門は、船大工として坂本（滋賀県大津市）近辺に居住していたのだろう。光秀は一連の近江での戦いにおける、三郎左衛門の功を称え、屋地子（地代）、諸役、万雑公事（年貢以外のさまざまな夫役や雑税の総称）の免除を申し伝えている。光秀が勝利を得たといっても、多くの家臣らが戦死するなど、決して人的な損失は免れなかった。討ち死にした配下の千秋輝季《せんしゅうてるすえ》もその一人で、父の月斎《げっさい》は悲嘆に暮れるばかりだったという（『兼見卿記』）。同年五月十四日、光秀は戦死した配下の者（十八名）を弔うため、西教寺（滋賀県大津市）に戦死者一人につき一斗二升の米を寄進した（「西教寺文書」）。西教寺は、光秀ら明智一族の菩提寺でもある。

なお、光秀を裏切った山本対馬守は、再び信長と義昭が決裂した天正元年七月、光秀から本拠の静原山に攻撃を受け、同年十月に討ち取られた。山本氏の首は、伊勢に在陣中だった信長のもとに送られたのである。磯谷久次は大和の吉野（奈良県吉野町）に潜伏していたが、天正六年に吉野の郷民によって殺害された。

†細川藤孝の離反

信長に挑戦した義昭には、大きな誤算があった。それは幕臣で信頼を寄せていた、細川藤孝の離反である。元亀四年（一五七三）二月二十三日、信長は藤孝に書状を送った。それは藤孝へのお礼の書状で、義昭の動向について、何回も種々の情報を提供してくれたことに対するものだった（「細川家文書」）。提供した情報の中身は不明であるが、おそらく義昭の考えや決別の後の予定・計画といったトップ・シークレットが藤孝から漏れていたのである。それは、義昭のほかの家臣らも知らなかったのだから、衝撃は大きかっただろう。

近江における義昭の無残な敗北後、早くも信長との和睦交渉が進められていた。信長の書状によると、村井貞勝と塙（原田）直政が信長の人質とともに上洛し、島田秀満と松井友閑《ゆうかん》が和睦の交渉を担当することになっていた（「細川家文書」）。一方で、日乗、島田秀満、村井貞勝が和睦を計画したともいうが（『信長公記』）、義昭は最終的に信長からの和睦の申し出を拒絶した。同年三月二十五日、信長は岐阜を発って、京都を目指した。同月二十五日に細川藤孝と荒木村重が逢坂（滋賀県大津市）まで信長を出迎え、そのまま粟田口（京都市東山区）の東山知恩院に陣を置いた。光秀が賀茂（京都市左京区）に、丹羽長秀、蜂屋頼隆が聖護院（同上）に陣を敷いたので、京都の住民は混乱し、禁裏内の小屋に避難するありさまだった。

†洛中の焼き討ちと義昭の誤算

元亀四年（一五七三）四月一日、信長は兼見と面会し、南都北嶺〔興福寺〔南都〕、延暦寺〔北嶺〕〕が破滅すると、王城（内裏、京都）の災いとなるかと尋ねた。加えて、禁裏では義昭の振る舞いについて、どのように評価しているのかとも質問をしている。前者について兼見は、記録には残っていないが、そういう言い伝えはあると回答した。信長の小心ぶりがうかがえるようなやりとりであるが、信仰心があったことの裏返しである。すでにこの段階で、信長は洛中の焼き討ちを計画していた。

同年四月二、三日の両日にわたり、信長は嵯峨〔京都市右京区〕、賀茂〔京都市左京区〕など洛中洛外に火を放ち、義昭に和睦を申し入れた。ところが、義昭が拒絶したので、信長は四日に上京〔京都市上京区〕を焼き討ちにすると、そのまま義昭の御所を包囲した。さすがの義昭もついに音を上げ、信長との和睦に応じることにした。

この義昭の窮地を救う者があった。ほかならぬ正親町天皇である。和睦に際しては当事者間では話がまとまらないので、朝廷の周旋があった。同年四月五日、関白・二条晴良が勅使として信長、義昭のもとに派遣され、和睦を持ち掛けた。同年四月七日には、信長の名代として織田信広〔信長の兄〕、佐久間信盛、細川藤孝が義昭のもとを訪ねて、両者の和睦は成立したのである（『兼見卿記』）。これを受けて、翌八日に信長は岐阜へ戻った。両者が正式に起請文を取り交わしたのは、天正元年（一五七三）四月二十八日のことである。信長が和睦に応じたということは、心の底では義昭と戦いたくないという気持ちがあったのであろう。なお、同年七月、藤孝は一連の功績を信長に認められ、桂川西地の一職支配を認められた。

　義昭は、いったん信長と和睦を結んだものの、対抗心は決して収まることがなかった。信長もその様子を察してか、義昭と決裂することを予想していた節がある。天正元年（一五七三）五月、信長は大軍勢を率いて最速で上洛を果たすため、琵琶湖を活用すべく大船の建造を計画した。信長は近江国内から鍛冶《かじ》、番匠《ばんしょう》（大工）、杣《そま》（木こり）を呼び集めると、長さ三十間（約五四メートル）、幅が七間（約一二・六メートル）という、人々が驚くような大型船を造らせた。艫舳《ともへ》（船のへさき）には櫓《やぐら》を置き、舟を漕ぐ櫓《ろ》は百挺もあったという（『信長公記』）。建造期間はわずか二カ月余で、七月には完成したのだから、尋常ならざるスピードである。

　信長が着々と義昭追討の準備を進めるなかで、義昭は苦境に立たされた。最大の誤算は、上洛を推し進めていた武田信玄の死である。元亀三年（一五七二）十二月二十二日、信玄は三方《みかた》ヶ《が》原《はら》（静岡県浜松市）の戦いで織田・徳川連合軍を撃破し、勢いに乗っていた。しかし、信玄は上洛を目前としながらも突如として体調が急速に悪化し、元亀四年（一五七三）四月十二日に甲斐に戻る途中の信濃国駒場（長野県阿智《あち》村）で亡くなった。信玄の死は武田氏にとっても痛恨の極みだったが、義昭にとっても大きな痛手だった。

もう一人の頼みとなる上杉謙信は、「上意御手違候（義昭は判断を誤った）」と感想を漏らしているように、義昭の行動をいささか拙速と感じる始末だった。つまり、支援しづらかったということになろう。謙信は義昭の計画性がないなりふり構わぬ態度に、少なからず危機感を抱いていたと考えられる。ただ、謙信は越後という遠い地にあり、周囲の政治的な状況からしても、即座に義昭のもとに馳せ参じるのは困難だったに違いない。

†義昭、二度目の挙兵

困難な状況にもかかわらず、義昭は楽観的な観測をしていたのであろうか。一回の敗北に決して懲りなかった。その理由は義昭が挙兵すれば、各地の有力大名が味方に馳せ参じるに違いないという、淡い期待を抱いていたからだろうが、現実に義昭の率いる軍勢はわずかな幕臣などに過ぎず、とても大軍勢の信長に対抗できなかった。

天正元年（一五七三）七月三日、義昭は信長との和睦を破棄すると、槇島城《まきしま》（京都府宇治市）に籠って、再び信長に叛旗を翻した。槇島城は義昭の重臣・真木島昭光の居城であり、宇治川水系に築かれた堅固な城郭として知られていたが、信長の大軍勢を前にして、義昭の夢と希望は無残にも砕かれることになった。

同年七月六日、信長は軍勢をすぐに槇島城へ送り込むと、自身は翌日に佐和山（滋賀県彦根市）から新造したばかりの大船で坂本（滋賀県大津市）に至り、七月九日には上洛して妙覚寺（京都市上京区）に入った。同年七月十二日、信長の大軍が室町御所に押し寄せると、守備していた三淵藤英は即座に降伏し、御所は無残にも破却された。なお、三淵藤英・秋豪《あきひで》父子は降参していったんは許されたが、のちに身元は光秀に預けられ、天正七年七月六日に坂本城で自害を命じられた（『東寺光明講過去帳』）。

同年七月十六日になると、槇島城は織田方の大軍に包囲された。槇島城を囲む軍勢のなかには、信長の家臣としての光秀の姿があった。かつて光秀は義昭に仕えていた経緯もあったが、このときは信長の指示のもと、槇島城の攻撃部隊に加わっていたのである。翌十七日、槇島城に攻撃を仕掛けた信長は、早くも翌日には義昭を降参に追い込んだ。しょせんは多勢に無勢だった。ここに至って、ついに室町幕府は事実上滅亡したのである。

その後の経過であるが、義昭は大坂本願寺の顕如の斡旋によって、三好義継の居城である若江城（大阪府東大阪市）に移った。信長は、義昭の代わりに子息である義尋を人質として預かった。信長が人質として義尋を抱え込んだということは、まだ将軍という存在に価値があると認めたからだろう。信長は、決して義昭を殺さなかった。『信長公記』によると、「天命恐ろしき」ということが、理由として提示されている。かつて将軍を殺した者で、まともな人生を全うした者はいなかった。鎌倉幕府の三代将軍・源実朝を暗殺した公暁、室町幕府の六代将軍・足利義教を殺害した赤松満祐は非業の死を遂げた。信長は、そのことを憂慮したのであろう。こうした事実も、信長が無神論者でなかったことの証である。

敗北を喫した義昭であるが、室町幕府再興の執念は決して衰えなかった。義昭は各地を転々としながら、上杉謙信、毛利輝元《てるもと》、大坂本願寺などと連携し、「打倒信長」「室町幕府再興」をスローガンにして、戦いを継続する。義昭は実質的に将軍の肩書を失っていたが、決して朝廷から解任されたわけではない。義昭と同じく、「打倒信長」という目的を共有する協力者もいた。ところが、義昭の執念とは裏腹に、続々と舞い込むのは悲報ばかりであった。天正元年（一五七三）八月、長らく義昭が懇意にし、友好関係にあった越前の朝倉義景、近江の浅井長政が信長の前に屈した。次に、両者の滅亡を取り上げることにしよう。

✝浅井氏・朝倉氏の滅亡

義昭を屈服させた信長は、すぐさま近江浅井氏、越前朝倉氏の討伐に動いた。天正元年七月二十六日、京都を発った信長は、巨大船に乗って近江高島郡へ出陣した。近江高島郡は、江北の浅井氏と越前から南下する朝倉氏の合流する地点だった。信長は陸路からも軍勢を差し向け、木戸城（滋賀県大津市）、田中城（同高島市）を次々と落とした。木戸・田中の両城は、光秀に与えられた。この勝利により、織田方は湖西方面で優位になった。

　同年八月になると、浅井氏の配下にあった阿閉《あつじ》氏、浅見氏が裏切り、信長の配下に加わった。同じ頃、越前の朝倉氏は余呉《よご》、木之本《きのもと》（以上、滋賀県長浜市）まで出陣し、信長の軍勢と交戦した。その際、信長は自ら出陣して蹴散らすと、逃げる朝倉軍を追撃した。織田軍は越前へ退却する朝倉軍を激しく追撃したので、敦賀（福井県敦賀市）付近に至るまで、朝倉軍の約三千の兵が討たれたという。戦死者には、朝倉氏の一族や重臣が含まれるなど、朝倉氏にとって大きな痛手となったのである。

　同年八月、織田軍は敦賀から越前国内に攻め込むと、義景は一乗谷（福井市）を捨てて賢松《けんしょう》寺（福井県大野市）に逃亡した。一乗谷に住んでいた武士、町人も織田軍に恐れをなして、散り散りになって逃げだした。その間、義景の母、嫡男・阿君丸は織田軍に捕縛され、無残にも殺害された。同年八月二十日、朝倉景鏡《かげあきら》（義景の従兄弟）が織田方に寝返ったことが決定打となり、最終的に義景は自害して果てたのである。こうして、朝倉氏は滅亡した。

　越前・朝倉氏の討伐後、次に信長がターゲットにしたのは、朝倉氏と同盟を結んでいた江北の浅井氏である。同年八月二十六日、越前を発した信長は、浅井氏の居城・小谷城に近い虎御前山（以上、滋賀県長浜市）に陣を敷いた。翌八月二十七日に羽柴（豊臣）秀吉が小谷城の京極丸に攻め込むと、その翌日に浅井久政（長政の父）が自害に追い込まれた。

九月一日には小谷城が落城し、長政自身も自害して果てた。長政の妻のお市《いち》（信長の妹）と娘三人（茶々《ちゃちゃ》、初《はつ》、江《ごう》）は辛うじて城を脱出したが、嫡男でわずか十歳の万福丸は織田軍に捕縛され、関ヶ原（岐阜県関ヶ原町）で磔刑に処せられた。三人の娘はとりあえず信長が引き取ったものの、これにより浅井氏は滅亡したのである。大いに軍功を挙げた秀吉には、浅井氏の旧領が給与された。戦後、信長は浅井久政・長政の首に箔濃《はくだみ》（漆を塗り金粉を施すこと）を施し、家臣に披露した。この逸話は、信長の残酷性をあらわす措置と見る向きもあるが、首に敬意を払った死化粧であるとの見解もある。

†光秀と越前

朝倉氏の滅亡後、信長は朝倉氏の旧臣で、織田方に与した前波《まえば》（桂田）長俊《ながとし》を越前守護代に任じた。同時に、信長は重臣の羽柴（豊臣）秀吉、滝川一益《かずます》、光秀に対して、占領下の越前支配を任せた。その初見史料は、天正元年（一五七三）八月二十八日付の一益、秀吉、光秀の連署状である（「辻川利雄家文書」）。この史料は、織田大明神（剣神社。福井県越前町）の寺家に宛てたもので、神領を当知行（現在支配している状態）に任せて安堵したものである。併せて坊領や山林も従前どおり、支配を認めるとしている。寺家というのは、剣神社の神宮寺である織田寺のことと考えられる。

この史料では、光秀が日下《につか》（日付の下）に署判を加えているので、実務担当者だったと考えられる。一益は文書の奥（文書に向かって一番左側）に署判を加えているので、実質的な越前支配の担当者だったと推測される。真ん中に秀吉の署名を確認できるが、花押が据えられていない。その理由は、秀吉が近江の戦後処理で不在だったからだろう。文末は「前々のごとく当知行の旨に任せ、相違あるべからずの由に候」と記しており、信長の意向を踏まえて指示している。信長の先祖は剣神社の神官だったので、そのような経緯や事情から、早々に当知行安堵を認めたものと考えられる。実際に、信長が自身の黒印状で剣神社の社領などを安堵したのは、同年十月のことである（「剣神社文書」）。

同年八月二十五日、信長は北庄（福井市）で各種商工業の座長を務める橘屋に朱印状を与えた（「橘文書」）。内容は、北庄三ヶ村の軽物座《かるもの》（絹織物を取り扱う座）について、以前のとおり申し付けるというもので、橘屋は引き続き軽物座の権益を保証されたのである。同年九月五日に発給されたのが、光秀ら三人の連署副状である（「橘文書」）。内容は信長の朱印状に任せ、橘屋の身上（立場）などについて、以前のとおりであると申し伝えたものである。この段階における光秀らの立場は、信長の意向（朱印状）に沿って、越前支配を展開していたといえる。朱印状と副状のセットはその証左であるが、内実は多少複雑だった。

†光秀らの立場・役割

光秀らの立場・役割が複雑だったのは、越前の守護代として前波（桂田）長俊を置いたからだった。そこに、光秀ら三人が越前支配に加わっていた。次に、長俊の役割について、少し考えてみよう。天正元年九月四日、長俊は滝谷寺《たきだん》（福井県坂井市）寺領の所々の給人・百姓に対して、神波吉祥坊《こうなみきつしょうぼう》知行分を以前のように信長の朱印状をもって安堵するので、年貢などの納入を延引しないように伝えている（「滝谷寺文書」）。この場合の安堵の根拠は、信長の朱印状である。

しかし、同年九月七日に高田専修寺（福井市）に宛てた文書は、「先規の旨」に任せて馳走し、違犯の者があれば注進するように命じている。この場合は、信長の朱印状が根拠になっていない。ほかに「大瀧神社文書」にも長俊の安堵状があるが、信長の朱印状はなく（平泉寺宿老の御状を根拠としている）、信長の朱印状による保証とはなっていない。同年九月二十六日、大瀧寺の僧侶三人が連署して、半田三郎（長俊配下の者か）に書状を送っている（「大瀧神社文書」）。それは、大瀧寺（福井県越前市）と平泉寺（同勝山市）の寺領安堵に関わるものと考えられるが、大瀧寺の一人の僧侶が内容に異議を唱えた。そこで、これまでの経緯を老若の僧侶を召し寄せて尋ね、長俊に誤りのない判断を下してほしいと要望している。ここでも、信長の名前は出てくることはなく、あくまで長俊の判断に委ねられたのだった。

ところが、同年九月七日に長俊が光秀と滝川一益に宛てた書状では、状況が異なっている（「寶慶寺文書」）。寶慶寺《ほうきょう》（福井県大野市）の寺納について、代わりの土地を与えるべく、長俊は光秀と一益に信長の朱印状を発給してもらうよう請うている。同年九月九日、光秀ら三人の寶慶寺領百石の当知行が認められたものの、信長の朱印状が発給された形跡はない。両者は互いに協力しながら、越前支配を進めていた。つまり、信長とかかわりの深い剣神社の扱いは別格として、ほかの寺社は守護代たる長俊と光秀ら三人に越前支配が任されたと見るべきだろう。

なお、光秀は同年九月頃に越前を去り、越前支配は長俊に任せられた。長俊は天正二年一月に一揆の攻撃を受け落命し、その後の越前支配は柴田勝家に引き継がれた。

†一向一揆、畿内の制圧

越前を攻撃中の前後も、信長は戦いに次ぐ戦いに明け暮れていた。元亀二年（一五七一）五月、信長は約五万の兵を率いて北伊勢に出陣し、佐久間信盛、柴田勝家ら諸将が長島（三重県桑名市）の一向一揆と対決した。このときはいったん退却をしたものの、天正元年（一五七三）九月に再び長島一向一揆への攻撃を行った。ただ、この戦いでも決定打に至らず、翌年に持ち越されることになった。

天正二年六月、信長は三度目の北伊勢攻めを敢行すべく、佐久間信盛、柴田勝家ら諸将に出陣を命じた。織田軍は陸上、海上から北伊勢に攻め込み、一揆勢は長島城などに籠城した。信長が行ったのは、兵粮攻めである。同年九月になると、さすがの一揆勢も飢えに音をあげたが、信長はこれを許さなかった。織田方は織田信広、秀成ら一族を戦いで失ったが、悲劇を乗り越えて長島城の一揆勢を掃討したのである。なお、一揆勢の籠る長島城、中江城は焼き討ちにされ、城内の男女約二万が焼死したと伝わっている。

畿内の情勢にも大きな変化があった。先述のとおり、義昭は信長と袂を分かち、三好義継の居城・若江城（大阪府東大阪市）に助けを求めた。義継は、かつて信長が義昭を推戴して上洛した際、協力した経緯があった。今回は義昭の求めに応じて、若江城で庇護したのである。このことは、信長の怒りを大いに買った。天正元年十一月、信長は佐久間信盛を若江城に送り込み、攻撃を命じた。義昭は難を避けて堺（大阪府堺市）に逃れたが、義継は家臣の多羅尾綱知《つなとも》らの裏切りもあり、同年十一月十六日に城内で自害した。享年二十五。その際、義継は女房衆や子を殺したので、これにより三好家は断絶したのである。

同じく、大和の松永久秀も当初は信長に従っていたが、やがて叛旗を翻すに至った。しかし、すでに朝倉氏、浅井氏が信長によって滅ぼされ、続けて武田信玄の不慮の死、義昭の追放、三好義継の自害などがあり、久秀の劣勢は明らかだった。それでも久秀は居城の多聞山城（奈良市）に籠って抵抗を続けたが、意外にも信長は久秀に対して、配下に加わるよう呼び掛けた。これにより久秀は許され、信貴山《しぎさん》城（奈良県平群町）を安堵された。引き続き久秀は、大和支配に携わることができたのである。

このように、義昭を支えた武将たちは滅亡に追い込まれるか、服従を余儀なくされるかの道をたどった。ただ、義昭は決して諦めたわけではなかった。

第五章 「鞆幕府」の成立と光秀の動向

†その後の義昭

本章では、本能寺の変の「足利義昭黒幕説」を検討する前提として、「鞆幕府《ともばくふ》」について考えてみたい。義昭は信長に度重なる敗戦をし、劣勢に追い込まれていたが、中国地方の有力大名である毛利氏という支援者を得て起死回生を目指した。まず、義昭が信長から京都を追放された前後の状況について、改めて詳細に確認しておきたいと思う。

ここまで義昭と毛利氏の関係を取り上げなかったが、両者は良好な関係を築いていた。元亀四年（一五七三）二月、義昭は毛利輝元に右馬頭《うまのかみ》という官途を与えた（「毛利家文書」）。義昭は

小早川隆景

輝元に官途を与え、毛利氏を味方にしようとしたのである。それは、信長への対抗策だった。右馬頭という官途には、領国内においても対外的にも権力を伸長させる実効性を担保するものではないが、その権威的な側面に大きな意味があった。

信長と決裂して以降、義昭は積極的に動き出した。天正元年（一五七三）八月、若江城（大阪府東大阪市）にあった義昭は、小早川隆景《たかかげ》と吉川元《きつかわもと》春《はる》に御内書を発給している（「小早川家文書」「吉川家文書」）。隆景と元春は、毛利元就没後の若き輝元を支える「毛利両川《りょうせん》」だった。義昭が送った御内書の内容には、ポイントが二つある。

第一は、義昭が信長に敗れた今、もっとも頼りにしているのは毛利氏であり、早々に上洛して畿内の統一を図りたいということである。信玄が亡くなり謙信が上洛する可能性が低いなかで、義昭は毛利氏に最後の望みをかけたのである。義昭が毛利氏を頼ったのは、畿内から比較的近いことと強大な兵力を保持していた点にあった。第二には、大坂本願寺、根来寺《ねごろ》（和歌山県岩出市）なども味方であることを伝えた点である。大坂本願寺、根来寺は相当な軍事力を要しており、信長に敵対行動をとっていた。しかも、両寺は畿内に拠点を保持しており、信長の動きに対応しやすかった。義昭は二つのメッセージを毛利氏に送り、味方に抱え込もうとしたのである。義昭と毛利氏の交渉役を担当したのは、毛利氏の政僧・安国寺恵瓊《えけい》だった。

一方、毛利氏は信長と戦うべきか判断しかねていた。義昭の「打倒信長」の思いは強かったが、毛利氏は畿内に勢力を伸ばしていた信長と戦うことは、勝算が十分にあるとは言い切れず、回避したほうが得策でないかと分析したと考えられる。政僧・安国寺恵瓊は中央政界の事情に明るく、その情勢判断は非常に優れていた。毛利氏が熟慮の末に取った方法は、信長と義昭の和睦を締結させ、再び義昭を上洛させることだった。というのも、別に毛利氏は信長と関係が悪かったわけではなかったからである。

†三人の取次

信長と義昭の和睦交渉は、織田方と毛利方の三人の取次が担当することになった。信長方の交渉役を務めたのは、当時はまだ木下姓の秀吉だった。交渉役に秀吉が起用されたのには、当然ながら理由があった。毛利氏と織田氏との接触が始まったのは、永禄十一年（一五六八）のことであるが、その際に織田方の申次を担当したのが秀吉だったからである（「小早川家文書」）。毛利氏を代表して交渉役を担当したのは、安国寺恵瓊である。のちに恵瓊は、秀吉と毛利氏という二人の主君に仕えることになる。

最後の一人は、天台宗の僧侶・朝山日乗である。政僧であり、どちらかといえば朝廷サイドの人物であるとすでに紹介したが、改めて日乗の経歴に触れたい。出身地はその姓が示すとおり、出雲《いずも》国朝山郷（島根県出雲市）とされてきたが、近年では美作《みまさか》国という説が有力になりつつある。ポイントは朝山が姓を示すか、法名《ほうみよう》とするかで見解が分かれるようだ。日乗は京都三千院（京都市左京区）で出家し、のちに後奈良天皇から上人《しようにん》号を与えられた。永禄十年（一五六七）九月以後は、上洛した信長と朝廷間の周旋を務めているなど交渉役を担当した。また、キリスト教嫌いとして知られる人物でもあり、晩年は信長の面前でフロイスとの宗論に敗れ、信頼を失うという失態を演じたこともある。

日乗が取次に起用されたのは、和睦に際して朝廷とのかかわりを要する可能性があったからだと考えられる。それは永禄十三年（一五七〇）一月、信長が五カ条の条書を義昭に突きつけたときと同じ構図である。信長と義昭の和睦については、当事者間だけでは解決が困難で、朝廷の助力が必要だった。天正元年（一五七三）九月になると、信長・義昭間の調停がようやく動き出したことが、義昭の書状によってわかる（「乃美《のみ》文書」）。しかし、毛利氏の和睦調停という動きは、義昭が受け入れられるようなものではなかった。これまで義昭は毛利氏を頼りにし、信長と対決すべく味方になるよう説得し続けてきたが、毛利氏は凋落の著しい義昭ではなく、信長に近づこうとする姿勢を見せていた。

毛利氏にとって義昭は、歓迎せざる存在だったというのが本音だったようだ。義昭は先の書状において、毛利氏が信長に加担するような姿勢を見せたので、毛利氏に対して強い不快感を示したのである。

†対応に苦慮する毛利氏

義昭の怒りを耳にして、対応に苦慮したのは毛利氏である。毛利氏は義昭、信長の両者に対して、円満にことを収めたかったに違いない。むしろ、あまり関わりたくなかった可能性がある。そこで、毛利氏が採用した方策は、織田方の取次の秀吉を通して、義昭の上洛が実現するよう信長に諷諫《ふうかん》(それとなく諫《いさ》めること)を依頼することだった(「毛利家文書」)。以上の毛利氏の対応から、信長と義昭との関係改善に腐心していたことが理解できるが、それは必ずしも義昭の意に沿ったものではなかった。

義昭にすれば、京都から追放した信長を打倒するために毛利氏を頼ったのである。しかし、その毛利氏から信長との和平を薦められたのだから、義昭に納得しがたい点があったかもしれない。義昭が毛利氏に望んだのは、ともに信長と戦うことだった。それゆえ義昭が毛利氏に対して強い不快感を示したのは、心情的に理解できないこともない。

一方、義昭に頼られた毛利氏にすれば、畿内を中心に威勢を拡大しつつある織田氏と交戦するのは、リスクが高いと判断したに違いない。その判断には、恵瓊の助言があった可能性が考慮されよう。逆に言えば、義昭のほうが信長に連戦連敗しながらも、なお戦争を継続しようとしたのだから、冷静な分析を行っていたのか疑問視される。それは、かつて上杉謙信が「判断を誤った」と指摘したとおりである。

結局、信長は毛利氏の提案に同意して、早速、義昭の配下にあった上野秀政と真木島昭光《まきしまあきみつ》を許した。一方で、輝元は円滑に交渉を進めるため、義昭に対して信長との交渉を受諾して欲しいと申し出、京都に戻ることを強く勧めた(「別本士林證文《しりんしょうもん》」)。安国寺恵瓊が使者となり交渉を進めたが、恵瓊が信長と義昭との狭間にあって、非常に難しい立場に立たされていたことは想像に難くない。

こうして毛利氏の骨折りがあったので、義昭は信長との交渉のテーブルについた。天正元年十一月五日、信長との和平交渉に臨むため、義昭は数多くの武将に供奉され、河内若江城(大阪府東大阪市)から和泉堺(同堺市)へと移動した。そして、義昭は恵瓊、秀吉、日乗の三人とともに、信長との和睦について話し合った。その内容については、天正元年十二月十二日の恵瓊の書状に詳細に記録されている(「吉川家文書」)。以下、交渉の内容を確認しておこう。

義昭が強く要求したのは、信長から人質を取るということだった。義昭は実子の義尋を人質に取られており、それに対抗する措置であったと推測される。人質の交換は、一般的に和睦に欠かすことができない条件だったが、秀吉は信長からの人質の供出を拒絶した。考えるまでもないが、明らかに劣勢なのは義昭のほうであるから、そこまで譲歩する必要はない。もっともな回答だったかもしれない。義昭は状況判断に疎いのか、信長のほうが圧倒的に有利な立場にあることを十分に理解していなかった。義昭は信長からの人質の供出に固執したため、秀吉はやむなく交渉を打ち切らざるを得なかったのである。

†交渉決裂後の義昭

秀吉が義昭との交渉を打ち切ったあとも、恵瓊と日乗は義昭に信長との和睦に応じるよう説得し続けた。義昭は信長から人質を取ると主張していたが、義昭は無理であることが理解できなかったようで、信長への対抗心をあからさまにしていた。毛利氏が次に憂慮したのは、義昭が毛利氏を頼って、本国の安芸国へ逃れて来ることだった。恵瓊は義昭が安芸国へ下向することによって、毛利氏が信長に敵対する意思表示となることを恐れていた。そのような理由もあって、恵瓊は暗に義昭に対して、安芸国へやって来ることは迷惑である旨を申し入れている。

義昭は和睦が決裂してしまったので、少しばかりの供を引き連れて、紀伊宮崎浦(和歌山県有田市)へ小舟で渡り、近くの臨済宗寺院である興国寺(和歌山県由良町)に滞在した(「道成寺縁起」奥書)。義昭が宮崎浦に下向したことは、信長が伊達輝宗《てるむね》に送った書状より明白である

（「伊達家文書」）。この書状のなかで、信長は義昭の一連の行動について、「逆心」と断じている。信長にとって、かつての将軍で盟友でもあった義昭は、もはやただの反逆者にしか見えなかったのである。一言で言えば、謀叛人であった。

一方、義昭は近江の六角承禎に書状を送り、紀伊国に移動したことを報じている（「織田文書」）。義昭は信長を打倒するため、承禎に協力を呼び掛ける一方、ほかにも有力な大名たちにも味方になるよう要請した。その執念は衰えていなかったが、承禎はもう大名の体《てい》を成していなかった。義昭が信長を滅亡に追い込むには、中国地方の最大の領域を支配していた毛利氏の協力が不可欠だったのである。

以上の経過により、天正元年における義昭と信長との和睦交渉は、決裂に終わった。『吉川家旧記』によると、信長は恵瓊と直に面談して「毛利家の人々とは先年より申通候、向後以テ水魚ノ思を可成（毛利家の人々には先年から申しているとおり、以後も水魚のような交わりをしたい）」と述べた。信長は毛利家に対して隔心がないどころか、いっそう深い関係を結びたいと申し入れたのである。しかし、毛利氏が仲介した義昭と信長との和平交渉は、ついに実現しなかったのである。

†鞆を訪れた義昭

信長との和睦交渉は決裂したが、室町幕府再興を悲願とする義昭は、信長との和睦の決裂くらいで諦めなかった。紀伊国に滞在した義昭は、その存在感を強くアピールすべく、「天下再興」を名目として上杉謙信に「打倒信長」を要請した。それだけでなく、「元将軍」の強みを生かして、相変わらず各地の大名間紛争の調停を行ったのである。義昭は恥も外聞もなく、「打倒信長」の兵を募った。紀伊国の領主湯河氏は、中小領主クラスに過ぎなかったが、かつて奉公衆を務めた誼《よしみ》で声を掛けた。遠方では、薩摩国の有力な戦国大名・島津氏にまで味方になるよう要請した。義昭は紀伊国に滞在中も各地の大名に協力を呼び掛け、室町幕府再興を悲願とし続けたのである。

とはいえ、このままでは埒が明かないことは、義昭自身も十分に認識していた。天正四年（一五七六）二月、義昭は密かに紀伊国を舟で出発すると、毛利氏領国の東端にある備後《びんご》国鞆（広島県福山市）に到着した（「小早川家文書」など）。あまりに突然な義昭の行動だったので、毛利氏にとっても思いがけないことだった。

当時、備後国は毛利氏の支配下にあり、毛利氏領国の東端に位置していた。広島県福山市にある鞆は岡山県との県境に位置しており、現在も中世の趣を残す港町として知られている。義昭は鞆に押し掛けると、毛利氏に「信長が輝元に逆意を持っていることは疑いない」と主張した。そして、義昭を擁立して信長と戦うよう、輝元に求めたのである。毛利氏はまだ信長との良好な関係を維持していたので、あえて義昭を安芸まで招くことなく、鞆に止めようと考えたに違いない。信長との断交そして戦争までは、決意していなかった。

義昭が鞆へやって来たことは、毛利氏にとって頭の痛い話になった。毛利氏にしても、義昭と敵対する信長にしても、互いに戦争は回避したかったと推測される。それゆえ、義昭の強引な態度に対して、毛利氏はかなり困惑したことであろう。ただ、信長を取り巻く畿内とその周辺の政治情勢は、毛利氏に強い決断を迫った。天正三年（一五七五）十一月、但馬国山名氏の重臣・八木豊信は、吉川元春に宛てて書状を送った（「吉川家文書」）。その内容とは、明智光秀が丹波国に侵攻して抵抗する荻野氏らを攻め滅ぼし、丹波の大半を掌中に収めたというものである。つまり、畿内周辺で信長は確実に勢力を拡大しており、さらに西へと進出するのは十分に予想できたのである。

畿内周辺の諸国では、播磨国の赤松氏、龍野赤松氏、小寺氏、別所氏、備前の浦上氏などは、すでに上洛して信長に挨拶をして配下になった（『信長公記』）。畿内周辺の諸将はそれなりに歴史を持つ名族だったが、信長に攻め滅ぼされるか、その軍門に降《くだ》るかの二者択一を迫られたのである。毛利氏は畿内およびその周辺の政治的情勢を分析し、信長との全面的な対決は避けられないとの結論を導き出した。天正四年五月、毛利氏はついに義昭を推戴し、信長との全面戦争に臨むことを決断したのである。毛利氏に擁立された義昭は、「帰洛（室町幕府再興）」に向けての援助を吉川元春、平賀氏、熊谷氏などに依頼した（「吉川家文書」など）。こうして、義昭をいただいた毛利氏は、信長との全面的な戦いに突入する。

成立した鞆幕府と副将軍

毛利氏に擁立された義昭を語るうえで、重要なのは「鞆幕府」の問題である。最初に「鞆幕府」について論じたのは、三重大学の藤田達生氏である。幕府の存在こそが、義昭権力の源泉だったというが、その主張をめぐっては否定的な見解もある。「鞆幕府」の評価を考えるため、以下、その実態について考えてみよう。

鞆に滞在中の義昭は、最初に小松寺に住居を定めたが、のちに横山修理進という地侍の屋敷（福山市熊野の山田）を召し上げて移ったという（『吉田物語』）。その後、さらに現在の福山市津《つ》之《の》郷《ごう》へ移動したが、そこでは義昭が恵瓊と連絡をするのに支障を来したのか、恵瓊が住持を務める近くの備後国安国寺に再び拠点を改めた。

義昭が居所の移動を繰り返した理由は、恵瓊が同寺の住持を務めていたことも、少なからず影響していただろう。鞆に滞在中の義昭は、恵瓊との連絡を密にし、毛利氏との意思疎通を良好なものにしたかったに違いない。そのためには、安国寺に居を定めるのが最善だった。義昭は室町幕府を再興するため、同時に上杉氏、北条氏らの有力大名に対して、「打倒信長」のメッセージを送り続けた。相変わらずの精力的な活動だった。

義昭が情熱的に力を注いだのは、鞆における幕府組織の再生だった。念のために言えば、義昭は「鞆幕府」とは一言も言っておらず、それは研究者によるネーミングである。「鞆幕府」を語るうえで重要なのは、毛利輝元に副将軍職を与えたことだった。副将軍とは、かつて義昭が信長に与えようとした職でもある。室町幕府の再興を目指す義昭にとっては、将軍の存在があってこその副将軍であり、大きな意味があったのかもしれない。あるいは、毛利氏を副将軍として処遇することで、自陣に繋ぎ止めておきたかったのだろう。

輝元が副将軍になったという根拠史料は、天正十年（一五八二）二月に書き残された吉川経安《よしかわつねやす》の置文である（「石見吉川家文書」）。そこには、「毛利右馬頭大江輝元朝臣副将軍を給り（以下略）」と記されているが、置文はまったくの同時代史料（一次史料）とは言い難く、本人の記憶をたどった二次史料的な性格が濃い。では、副将軍という役職は、そもそも室町幕府にあったのだろうか。改めて、副将軍の意味を考えてみよう。副将軍は「軍防令」第二十四条に規定があり、平安時代には実際に任命された者もいたが、中世以降では二次史料でしか任命した事実を確認できない職である。

『太平記』（巻一九）によると、足利尊氏《たかうじ》が将軍宣下を受けた際、弟の直義《ただよし》が「日本ノ副将軍」になったと記す。また、応永二十三年（一四一六）の上杉禅秀の乱後、今川範政《のりまさ》はその功によって、足利義教から「副将軍」を与えられたというが、いずれも軍記物語に書かれたことであり、信憑性について疑念を持たざるを得ない。室町時代の最盛期、将軍の配下に管領が存在し、将軍の意を守護らに伝え、逆に守護らの意見を取りまとめて将軍に伝達するなどしていた。管領は幕府政治の中核を担っていたが、享禄四年（一五三一）に細川高国《たかくに》が摂津国大物《だいもつ》（兵庫県尼崎市《あまがさき》）で横死して以後、基本的に管領は設置されていない。

応仁・文明の乱以降、在京中の守護は自らの領国へ戻り、室町幕府による全国支配のコントロールは効かなくなった。享禄四年の高国の没後、将軍を支えるのは、特定の大名（大内氏、六角氏など）たちの役割になった。義昭の場合でいえば、最初は織田信長であり、決裂後は毛利輝元に変わったということである。最末期における幕府の将軍を支えるのは単独の大名であり、それはかつての「管領」ではなく「副将軍」と認識されたのかもしれない。同じような例は、義昭以前にも大内義興《よしおき》や六角定頼《さだより》などがいたが、彼らに副将軍が与えられていない点を考慮すると、副将軍が実際に設置されたのかは疑問が残る。副将軍は、この時代に実際に存在したか否かよくわからない職といえよう。

あえて副将軍の意味を考えるならば、義昭が信長や輝元に気を良くしてもらうために言い出したのかもしれない。しかし、それは単なる可能性に過ぎず、輝元が副将軍に任じられたことを示す史料は、六年後に成立した回顧談的なものに過ぎない。副将軍職を過大評価するのは、いささか拙速であると言わざるをえない。

†鞆幕府の構成

義昭の室町幕府再興の執念は、「鞆幕府」という形で結実した。将軍に復帰した義昭は、鞆に御所を構えて幕府を維持し、手足となる奉行衆・奉公衆を擁した。組織は幕府の必要条件を整えており、「鞆幕府」と称するにふさわしいのかもしれない。早速、義昭は毛利輝元を「副将軍」に据えたのであるが、輝元以外の「鞆幕府」の構成員はどのように構成されていたのだろうか。以下、その概要を確認することにしよう。

「鞆幕府」の構成員は、京都に室町幕府があった頃の幕府の奉行人・奉公衆、毛利氏の家臣、その他の大名衆で占められていた。毛利氏の関係者では、輝元をはじめ吉川元春、小早川隆景、などが中心メンバーで、毛利氏の家臣である三沢、山内、熊谷の各氏なども配下に加わっていた。「鞆幕府」を支える人材が集まらない以上、義昭が毛利氏の関係者に頼るのは止むを得なかったと考えられる。重要なことは、毛利氏家臣の多くが幕府の構成員になった際、義昭から毛氈鞍覆《もうせんくらおおい》・白傘袋《しろかさぶくろ》の使用許可を得たことである。毛氈鞍覆・白傘袋とは、いったい何を意味するのか。

本来、毛氈鞍覆・白傘袋の使用は、守護や御供衆クラスにのみ許され、守護配下の被官人には許可されなかった。一種の家格を示す格式であり、毛利氏の家臣が許されるような性質のものではなかったのである。守護や御供衆クラスに与えるという基準があったので、将軍によって毛氈鞍覆・白傘袋の使用許可を得た守護配下の被官人らは、ごく一部に限定された。許可された者は守護と同格とみなされたので、三沢氏などの毛利氏家臣は、義昭から最高の栄誉を与えられたことになろう。

とはいえ、現実には室町幕府が衰退しはじめた十六世紀初頭以降、毛氈鞍覆・白傘袋の使用は、礼銭《れいせん》と引き換えに許可されることが珍しくなかった。これは栄典授与の形骸化であり、価値が下がったと評価できよう。ただし、本来の価値を失っていたとはいえ、与えられた者は大変喜んだと推測される。毛氈鞍覆・白傘袋の使用許可は、将軍が授ける権威の象徴だったことには、まったく変わりがなかったのである。

†奉公衆の存在

幕府として重要だったのは、行政官たる奉行人が存在したことであろう。こちらは、かつての奉行人が配下に加わることで解決した。問題は、将軍直属の軍事基盤である奉公衆をどうするかだった。明応二年（一四九三）に明応の政変が勃発すると、将軍権力が大きく失墜したことはもちろんのこと、奉公衆は解体したと考えられている。奉公衆は各地に存在する領主層によって構成され、同時に将軍の直轄領である御料所の管理を任される者もいた。

義昭が鞆に移って以降、奉公衆が復活したとの指摘がある。たとえば、美作国東方北部（岡山県津山市）には草苅《くさかり》氏という有力な領主が存在し、当主の草苅景継《かげつぐ》は義昭の兄・義輝の代から太刀や馬を贈っており（「萩藩閥閲録」）、早い段階から幕府との関係を重視していた。景継は室町幕府が事実上滅亡してからも、義昭との良好な関係を継続しており、奉公衆の「三番衆」に加えてもらうように依頼した。その結果、足利義昭の御内書と上野信恵の副状によって、景継は奉公衆の三番衆に加えられたことを確認できる（「萩藩閥閲録」）。

その間の事情を記した上野信恵の副状には、「この度、貴殿が熱心に希望をされたので、三番衆に加えることを将軍様（足利義昭）がお聞き入れになり、御内書を作成いたしました。比類なく素晴らしいことです。諸国の侍がわれもわれもと望んでいますが、一切聞き入れておりません。私（上野信恵）の方からも随分と将軍様に執り成しをいたしました。今後も忠節を尽くすようにと、将軍様がおっしゃっています」と記されている。

かなりもったいぶった表現であるが、草苅景継は奉公衆に加えられたことにより、実効性はともかくとして、幕府のお墨付きを得た心境にはなったであろう。つまり、奉公衆になるということは毛氈鞍覆・白傘袋の使用許可と同じく、もはや形骸化していたのである。

このようにして、義昭は鞆で幕府の再生を図ろうとした。では、毛氈鞍覆・白傘袋の使用許可にしても、奉公衆に加えるにしても、何か意味なりメリットがあったのだろうか。栄典を授与された領主層は、他者に対して何らかの形で、優位に立てるところにメリットがあると感じたに違いない。しかし、そのことが支配領域での実効支配の強化、あるいはほかの領主との戦争などで、有利に作用したとは考えられない。あくまで栄典を授与された側の気持ちの問題であって、周囲への影響は乏しかっただろう。

信長に追放された義昭は、その時点で将軍としての実権を喪失していたが、半ば「空名」に過ぎない栄典を諸大名や領主層に与えることにより、彼らを幕府の構成員とする根拠としたと推測される。それは、実権を失った義昭にとって最後の大きな武器であり、元将軍としての強みでもあった。

†馳せ参じた武将たちと鞆幕府の実体

義昭は毛利氏の助力を得ながら奉行人、奉公衆を組織し、幕府の再生に取り組んだ。義昭の配下には、各地から大名たちも馳せ参じた。義昭の配下に加わった大名には、武田信景《のぶかげ》、六角義堯《よしたか》、北畠具親《きたばたけともちか》などの聞きなれない武将たちの名を確認できる。彼らはいかなる人物だったのか。六角義堯は近江国六角氏の流れを汲むが、系譜関係には不明な点が多々ある。六角氏は永禄末年に織田信長と交戦し、事実上の滅亡となった。義堯は義昭の配下に加わり、重用されたと指摘されている。その理由は、六角氏は歴代足利将軍と良好な関係があったからだろう。義堯は義昭と同じく、信長に良い感情を抱いていなかったはずである。

武田信景は若狭武田氏の出身で、父は信豊《のぶとよ》、兄は義統であった。しかし、信景の兄・義統の跡を継いだ子の元明は、越前国朝倉氏の勢力に併呑され、のちに朝倉氏の配下に組み込まれた。天正元年（一五七三）に朝倉氏が滅亡すると、織田信長の家臣・丹羽長秀が若狭国を支配したが、元明にはわずかな所領しか与えられず、若狭武田氏は滅亡したようなものだった。こうした厳しい状況に追い込まれた信景は、義昭の配下に加わったといわれている。信景には、「信長憎し」という気持ちがあったに違いない。

北畠具親は伊勢国司・北畠具教《とものり》の弟で、当初は出家して奈良の興福寺東門院主を務めていた。しかし、天正四年に兄・具教が織田信長によって殺害されると、具親は北畠家の復活を悲願として還俗した。南伊勢に入った具親は、翌年に北畠一族や旧臣とともに挙兵したが、北畠信雄（信長の次男）と戦って敗れ、北畠家再興に失敗した。そのような経緯もあって、具親は鞆を訪れて義昭に仕えたのだろう。六角氏や武田氏と同じく、「打倒信長」の思いを胸に抱いていたはずである。

右の元大名を見る限りでは、もはや戦力として期待できなかっただろう。鞆幕府を構成する中心メンバーは、毛利輝元、小早川隆景、吉川元春の三人であると考えてよく、加えて毛利氏の家臣であった。とはいえ、幕府の体裁を整えるには、奉行人や奉公衆に加え、多少は名のある大名（元大名クラス）らが必要だった。義昭は彼らが戦力にならないと思ったかもしれないが、対外的には何らかの意味があると考えた可能性はある。

以上のように「鞆幕府」の構成員を見ると、毛利氏の関係者や元幕府の奉行人を除くと、いささかその力量には疑問が残る。「鞆幕府」に集まった人々は、奉公衆の看板に魅了されて従った中小領主層、あるいは「信長憎し」の思いを抱く落ちぶれた大名連中だった。幕府が全国政権を標榜する以上、多くの人材を集める必要があったのかもしれないが、力量不足は否めない。幕臣も京都にいた頃と比較すると、随分少なくなったと指摘されている。後世に「鞆幕府」とは称されているが、実際には寄せ集めの組織としか言わざるを得ない。

「鞆幕府」は見せかけだけの組織だったが、それなりの存在感があったのは事実である。烏合の衆とはいえ、中小領主や落ちぶれた大名が加わり、「反信長」の拠点となったのは疑いないだろう。その根源とは、義昭が元将軍という権威的な存在であったという点に求められよう。ところが、義昭には信長に対抗する軍事力はなく、実態としては毛利氏や大坂本願寺などが頼みだった。したがって、形式的には「鞆幕府」と称しうるかもしれないが、過大評価すべきではないと考えられる。

義昭は鞆に移って以降も、京都五山や鎌倉五山の住持任命権を保持しており、それが幕府としての実質があるとの意見もある。しかし、そこには幕府としての役割の一端を見出すことはできるが、本質ではないように思う。もはや軍事動員権を失った義昭の「鞆幕府」は、政権としての体を成さず、幕府の姿をした「ハリボテ」のようなものではなかったか。義昭の京都時代と比較して、鞆に移ったあとの将軍権力がいかに低下したかについては、栄典授与の観点からも論証されている（水野：二〇一三）。

第六章

光秀の大躍進

†京都代官としての光秀

天正元年（一五七三）に信長が義昭を京都から追放すると、代わりに京都を支配する必要が生じた。そこで、信長によって京都所司代に任命されたのが、重臣の村井貞勝である。京都所司代の職務とは、公家や寺社の所領などの問題、京都市中の行政や司法などだった。『信長公記』には、貞勝を「天下所司代」に任命したと記す。この場合の天下とは日本全国でなく、京都を中心とした畿内という意味である。

貞勝とともに京都支配を担当したのが、光秀である。光秀と貞勝は、「両代官」と称せられた。二人による京都の支配は、天正三年前半頃まで続く。

光秀と貞勝が連署して発給した文書の初見は、天正元年十二月十六日のものである（「妙智院文書」）。内容は、妙智院（京都市右京区）領の安弘名《やすひろのみよう》について、帳面に任せて住持の策彦《さくげん》和尚に年貢を納めるよう、西院（妙智院）の小作人に命じたものである。小作人に年貢を納めるよう命じたことは、光秀と貞勝が連署して策彦にも伝えられた。貞勝が日下（日付の下）に署判を加えているので、この件の実務を担当していたと考えられる。

天正二年十二月二十一日、光秀は貞勝と連署し、賀茂惣中に文書を発給した（「賀茂別雷神社文書」）。内容は、賀茂寺社領の六郷（河上、大宮、小山、岡本、中村、小野。京都市北区）および各地に散在する所領について、信長の朱印状に任せて安堵するというものである。この場合は、光秀が実務を担当していたと考えてよいだろう。

天正三年七月七日には、光秀と貞勝に加えて、原田（塙）直政の三人連署による奉書が発給された（「壬生家《みぶけ》文書」）。壬生氏が支配する野中郷の畠三カ所に関しては、証文に任せて、一反分は黒瀬なる人物に作職を与えていた。残りの分についても、悉く申し付けるようにという信長の意向なので、その旨を三人の連署で壬生朝芳に伝えている。この件では、山城守護になっていた、直政が関わっているのが興味深い。京都支配は洛中を貞勝が、北部を光秀が、南部を直政がそれぞれ支配を担当していたという説がある。ただ、事例が乏しいこともあり、そうとは決して言い難い面もあるので、それを明らかにするのが今後の課題であろう。

右の史料に関しては、光秀が姓を明智から惟任に改めており、その点について興味深い指摘がある。天正三年七月三日、信長は光秀に惟任日向（守）を名乗らせた（『信長公記』）。惟任が九州の名族の姓だったので、信長が光秀に日向守を名乗らせた理由は、九州方面への侵攻をすでに考えていたからであるという。しかし、近年の受領官途の研究を参考にすれば、受領官途名と支配地域は必ずしも一致しない。信長は九州を意識した姓や官途を光秀に与えているが、遠い将来の可能性とはいえ、右の指摘には未だに検討の余地がある。

畿内にとどまった光秀

信長配下の武将が命に従って各地に出陣したのに対し、光秀は畿内に止まって活躍していた。改めて光秀の動きを交えて確認しておこう。天正二年（一五七四）一月、大和の松永久秀は信長の配下に加わったが、光秀はその居城である多聞山城（奈良市）に一カ月ほど入城していた（細川藤孝と交代）。この頃、光秀は信長の命令により、娘二人を細川忠興、津田信澄《のぶずみ》に嫁がせたが、筒井順慶《じゅんけい》に息子を養子として送ることだけは実現しなかった。忠興、信澄、順慶とは、本能寺の変でかかわるのだから、誠に因縁深いことである。

同年七月、信長は諸将を率いて、伊勢長島（三重県桑名市）の一向一揆の討伐に向かったが、光秀は出陣していない。光秀は鳥羽（京都市伏見区）付近に陣を置き、摂津伊丹、中島攻めの後方軍として控えていた（「細川家文書」）。信長から光秀に命じられたのは大坂本願寺攻めで、軍勢には藤孝や荒木村重も加わっていた。光秀の戦況報告は詳細なもので、信長は大いに感嘆したという。なお、伊勢長島の一向一揆は、織田軍により徹底的に殲滅された。

この直後、光秀は長島から遣わされた佐久間信盛とともに河内に攻め込み、三好氏の軍勢と戦っている。翌天正三年四月、高屋城（大阪府羽曳野市）に籠っていた三好康長《やすなが》は、光秀が率いる二千余の兵らに攻撃を受けて、降参せざるを得なくなった（『兼見卿記』）。このとき光秀は、新堀城（大阪市住吉区）に籠る、十河《そごう》氏、香西氏も討伐した。結局、康長は松井有閑の斡旋を頼り、信長の軍門に降ったので、畿内は徐々に平定されていったのである。

同年五月の長篠の戦いにも光秀は出陣せず、畿内に留まっていた。伊勢長島にも出陣していないところから、光秀は畿内の担当にほぼ決まったのではないかという指摘がある。その後、光秀が越前一向一揆攻め、大坂本願寺攻めに従事したのは、むしろ別の地域の軍事行動を任されていたからだろう。天正三年六月、信長は丹波の内藤如安《じょあん》（八木城主）、宇津頼重（宇津城主）を討伐するため、彼らと同じく丹波桑田郡、船井郡に勢力基盤を持つ川勝継氏《つぐうじ》に朱印状を送った（「記録御用所本古文書」）。討伐に際して光秀を出陣させるので、継氏に支援を求めたのである。むろん、信長が協力を求めたのは、継氏だけではなかった。

信長は、同じく丹波船井郡に勢力基盤を置く小畠左馬助、その後見の小畠助太夫《すけだゆう》に朱印状を送った（「小畠文書」）。左馬助宛の朱印状では、丹後侵攻の先鋒をするよう申し付けている。助太夫宛の朱印状には、丹後平定後に本領に加えて丹波船井郡のうちに二万石を与えると破格の条件を示している。ともに、詳細は光秀が報告すると書かれているので、丹波、丹後攻めは光秀の担当だった。

越前一向一揆との対決

光秀の丹波攻めの直前に、越前の情勢が急変した。天正元年（一五七三）八月に越前・朝倉氏が滅亡すると、その後の越前支配は天正二年一月にかけて、朝倉氏旧臣の前波（桂田）長俊が担当した。ところが、天正二年一月十八日、長俊に反感を持った朝倉氏旧臣の富田長繁は、越前国内の一揆勢約二万三千とともに、長俊の本拠である一乗谷（福井市）に攻め込んだ。長俊があっけなく討ち死にすると、やがて越前一向一揆は国中を席巻し、ついに「一揆持」の国と化したのである（『信長公記』）。

この一報を耳にした信長は、越前一向一揆の討伐を決意する。同年八月十四日、敦賀に集結した織田軍は、翌日に軍勢を明智光秀、羽柴（豊臣）秀吉、柴田勝家らの部隊と、丹羽長秀、滝川一益、蜂屋頼隆らの部隊の二手に分け、一斉に攻撃を開始した。織田軍の攻撃は凄まじく、府中町だけでも約千五百の戦死者が出た（「泉文書」）。これはまだ序の口で、同年八月十五日から十九日の間には、一万二千余の人々が大量虐殺された。首を斬るのはもちろんのこと、鼻を削ぐなど残虐な行為が行われ、総計で三、四万の人々が惨殺されたという。

こうして越前は平定され、柴田勝家らに支配が任された。越前攻めの際、光秀は小畠左馬進に書状を送った（「大阪青山大学所蔵文書」）。書状の冒頭では、傷を負った左馬進の具合を心配している。すでに左馬進は、光秀不在のなかで丹波攻略に出陣していた模様である。次に、越前府中で敵を数多く討ち取ったこと、明後日（八月二十三日）には加賀へ出陣すること、それらを平定して帰陣する旨が書かれている。追伸部分では、戦いが終わったあとに丹波に攻め込み、宇津氏を討伐することが伝えられ、上林衆（現在の京都府綾部市に本拠を置いた土豪）が道は問題ないと言っているが、本当か確認をしてほしいと依頼した。

同年九月に信長が越前の知行割を行うと、直ちに諸将に対して出陣命令が出された（「細川家文書」）。光秀は、丹後への出兵を命じられた。その後の知行については、一色義有《よしあり》に丹後が、細川藤孝に丹波桑田郡と船井郡が与えられる約束になっていた。細川藤孝に二郡が与えられるのには理由があった。同年三月、翌年秋の大坂本願寺との戦いを見据えた信長は、すでに先の二郡の侍たちを藤孝に預けていた。天正三年に比定される九月二十一日付の光秀書状は、威徳院（京都市右京区）に宛てたものである（『思文閣墨蹟資料目録』所収文書）。内容は、本日（九月二十一日）に丹後に出陣するに際しての戦勝祈願で、銀子五枚を奉納したのである。

†丹波攻略へ

天正三年（一五七五）九月下旬以降、光秀がまず攻め込んだのは丹波だった。当初、信長が敵対視していたのは、先述した内藤如安と宇津頼重だった。ところが、実際に強敵だったのは、黒井城（兵庫県丹波市）の赤井（荻野）直正《なおまさ》で、奥三郡（天田《あまた》、何鹿《いかるが》、氷上《ひかみ》）を支配していた。なお、赤井家の当主は忠家《ただいえ》で、直正は叔父だった。直正は丹波の国衆を配下に収め、その威勢は但馬にまで及ぼうとしていた。『甲陽軍鑑《こうようぐんかん》』によると、直正は「名高キ武士」の一人として、その名が挙がっている。

信長は光秀を支援すべく、片岡藤五郎なる者を丹波に向かわせた。光秀は直正が参陣していた但馬竹田城（兵庫県朝来《あさご》市）を攻撃し、そのまま逃げる直正を追い掛け、ついに丹波黒井城を攻囲した。光秀は黒井城の周囲に十二、三の付城を構築したため、兵粮の乏しい黒井城は翌年春に落ちるだろうとの噂が流れた。おまけに、丹波の国衆の過半数は、光秀に与したと伝わっている（「吉川家文書」）。光秀は、圧倒的に優勢だった。

そのような情勢もあり、天正三年十二月、光秀は丹波国の在々所々の百姓に対し、徳政令を発布した（「森守氏所蔵文書」）。年季売り（期限付きで売買すること）の田畠、博奕《ばくち》などに賭けた金銭、滞納している年貢、そうした借金の類を破棄したのである。徳政に際しては、礼銭は一切不要であるとする。徳政という方策を採用し、光秀は丹波に勢力を広げようとしたのだろう。翌年二月、光秀は曾根村（京都府京丹波町）の惣中に対し、丹波侵攻に協力したので万雑公事を免除している（『思文閣墨蹟古書目録』所収文書）。

ところが、ここで青天の霹靂というべき事態が勃発する。天正四年一月、織田方に与していた丹波八上城（兵庫県篠山市）主・波多野秀治が突如として光秀を裏切り、赤井氏に与したのである。その結果、光秀は無残な敗北を喫し、黒井城の攻囲を解くと、本拠の坂本（滋賀県大津市）へ退却した。波多野氏は長らく細川氏の配下にあって、丹波守護代を務めた名族である。光秀は同年二月二十八日に再び丹波に出陣したが、その後の大坂本願寺攻めが実現しつつあったので、丹波平定は長期戦で臨まざるを得なくなった。

†大坂本願寺との戦い

元亀元年（一五七〇）以降、信長と大坂本願寺との関係は悪化していたが、天正四年（一五七六）に至って、両者は全面戦争に突入した。大坂本願寺の背後には、鞆（広島県福山市）に本拠を置いた足利義昭、および義昭を支援する毛利輝元の姿があった。

同年四月、光秀は信長から大坂本願寺攻めの命を受け、原田（塙）直政、荒木村重、細川藤孝らと出陣した。このとき総大将を命じられたのは直政で、あらかじめ信長から南山城と大和を与えられており、一身に期待を受けていた。信長は直政に天王寺（大阪市天王寺区）に砦を築くように命じると、光秀と藤孝は守口（大阪府守口市）と森河内（大阪府東大阪市）に陣を敷いた。そして、村重は野田（大阪市福島区）に砦を三つ構築し、敵の川手の通路を遮るよう、信長から命じられたのである。

信長には、作戦があった。大坂本願寺は楼岸《ろうのきし》・木津を押さえ、難波口（以上、大阪市中央区）から海上のルートを活用していた。大坂本願寺に兵粮や武器を搬入する場合は木津川を通るであろうから、木津川付近を奪取するというのが、信長の作戦だった。海上交通を遮断することにより、優位に立とうとしたのだろう。光秀は、佐久間信栄《のぶひで》（信盛の子）とともに天王寺の砦の留守を預かることになった。大坂本願寺を攻撃したのは、根来・和泉衆を率いた三好康長、そして大和・南山城衆を率いた原田（塙）直政である。

『信長公記』によると、同年五月五日、直政と康長が木津に入ると、約一万の大坂本願寺方が二人の軍勢を攻囲し、一斉に鉄砲を撃ちこんだ。これにより直政と康長の軍勢は総崩れとなり、形勢は逆転。直政は討ち死にして果てた（『兼見卿記』によると、四日に戦ったのが正しい）。勢い付いた大坂本願寺方は、そのまま光秀らが守備する天王寺砦に攻め込んできた。たちまち光秀らは、窮地に陥ったのである。

光秀らの危急を聞きつけた信長は、直ちに京都から若江（大阪府東大阪市）に急行した、突然のことで、なかなか兵が集まらず、率いた兵はわずか百騎に過ぎなかったという。その間も、天王寺からは厳しい戦況が伝えられた。同年五月七日、ようやく三千余の兵を集めた信長は、一万二千余の大坂本願寺方に攻め込んだ。光秀らは態勢を整えてから戦うことを進言したが、信長は耳を貸すこともなく、そのまま敵を二千七百余も討ち取ったと伝わっている。信長の奮闘によって、光秀らは難を逃れたのである。

†方針の変更

信長は実際に大坂本願寺と戦い、その実力を認めざるを得なくなった。信長は大坂本願寺への対策を見直し、改めて長期戦になることを予想した。そこで、大坂本願寺攻めの総大将として佐久間信盛を指名し、天王寺の砦に置いた。信盛の与力として松永久秀・久通《ひさみち》父子が付けられ、本格的な戦いに突入したのである。

一方の光秀は、大坂本願寺との戦いのなかで、天正四年（一五七六）五月に病に罹《かか》ってしまった。すぐに帰京した光秀は、吉田兼見に平癒《へいゆ》の祈禱《きとう》をしてもらったが、それは妻から兼見への依頼だった。また、医師の曲直瀬道三《まなせどうさん》の治療も受けた。心配した信長は使者を送って、光秀を見舞っている。その間、光秀が亡くなったとの噂が流れたが、実際には天正四年七月頃に治っており、兼見は坂本（滋賀県大津市）で光秀と会っている。

病気は治ったので、その後も光秀は大坂本願寺攻めに動員された。大坂本願寺には信長が撤退する際に十カ所の砦が築かれており、警戒態勢が敷かれていた。結局、光秀は森河内砦（大阪府東大阪市）を約一年もの間にわたって守備し、天正五年（一五七七）十月になって筒井順慶と交代した。交代した理由は、光秀が再び信長から丹波への出兵を命じられたからである。光秀が順慶と在番を交代した頃、今度は光秀の妻が病に罹った。心配した光秀は兼見に依頼し、平癒の祈禱を行ってもらった。妻の病状は好転し、光秀はお礼として兼見に銀子一枚を贈った。夫婦間の細やかな愛情を物語るエピソードである。

この間の同年二月、光秀は信長の命により、細川藤孝、荒木村重とともに紀伊の雑賀・根来衆を討伐すべく出陣した。同年二月二十二日、信長は内応した根来寺の杉の坊、雑賀の三搦衆を案内として、軍勢を二手に分けて進軍した。光秀は、織田一族、細川藤孝、滝川一益と行動をともにした。同年三月一日、織田軍が一斉に鈴木孫一の籠る城を攻撃すると、約二週間後には降伏に追い込んだ。戦後、光秀は佐野（大阪府泉佐野市）の砦に入り、雑賀方面の監視役を任されたようである。

信長が大坂本願寺と死闘を繰り返すなか、驚倒する事態が勃発する。天正五年、松永久秀は上杉謙信、毛利輝元、大坂本願寺などの反信長勢力と結託し、ついに信長を裏切ったのである。

久秀は大和信貴山城《しぎさん》（奈良県平群町）に籠もり、信長からの質問には一切応じなかった。そこで、同年十月一日、信長はついに久秀の討伐を決意し、嫡男の信忠を総大将とする軍勢を大和に送り込んだのである。

むろん、光秀も動員され、松永方の片岡城（奈良県平群町）を細川藤孝、筒井順慶らとともに攻撃した。光秀らは敵の首を七十ほど獲り、大いに軍功を上げたが、自軍の損害も大きかったという（『兼見卿記』など）。やがて、信貴山城は完全に攻囲され、同年十月十日に久秀は自害して果てた。一説によると、久秀は信長から茶釜「平蜘蛛《ひらぐも》」の供出を要求されたが、それを拒否して「平蜘蛛」とともに自爆したという。久秀の討伐には成功したものの、光秀に休息の時間はなかった。同年十月二十九日、光秀は信長から丹波出兵を命じられ、藤孝とともに急行した。光秀と藤孝が攻略したのは、丹波籾井城《もみい》（兵庫県篠山市）だった。城主は、波多野秀治の配下にあった籾井氏である。籾井城が落城したのか否かは不明である。

翌天正六年（一五七八）三月、光秀は再び信長から丹波出兵を命じられた。光秀は丹羽長秀、滝川一益とともに丹波に向かい、波多野氏の籠もる八上城を取り囲んだ。ところが一転して、信長は光秀に大坂本願寺を攻撃するよう命令した。同年四月四日、光秀は八上城に明智次右衛門らの軍勢を残し、織田信忠の待つ大坂本願寺に向かい、四月五、六日に大坂近辺の麦苗を薙《な》いだ。大坂本願寺を攻めたあと、光秀は再び丹波へ戻らなくてはならなかった。同年四月十日、光秀は長秀、一益とともに軍勢を率い、波多野氏の家臣・荒木氏綱《うじつな》の籠もる園部城《そのべ》（京都府南丹市）の攻略に取り掛かった。園部城は即日で落城し、光秀は同城に軍勢を入れ置くと、今度は播磨へ援軍として出陣するよう信長に命じられたのである。

†窮地の秀吉の援軍として播磨へ転戦

天正六年二月下旬、三木城（兵庫県三木市）主の別所長治《ながはる》は足利義昭、毛利輝元、大坂本願寺といった反信長勢力に与し、羽柴（豊臣）秀吉を裏切った。前年の天正五年十月、秀吉は信長から中国計略を命じられたが、長治の裏切りにより劣勢に立たされた。

加えて、直後の天正六年四月、上月城《こうづき》（兵庫県佐用町）が毛利方の軍勢に攻囲され、ついに落城したのである。上月城はかつて秀吉が攻略したが、毛利方に奪い返されることにより、中国計略の先行きが怪しくなった。上月城は、播磨、備前、美作の国境付近に位置し、対毛利の戦略的、地理的に重要な地点にあった。秀吉は、山中鹿介《しかのすけ》ら尼子氏旧臣が籠もる上月城を救出しようとしたが、信長の命により、放棄せざるを得なかった。理由は、三木城の攻略に集中するためだった。同時に上月城と三木城の敵と戦うには、非常な困難が伴ったのである。秀吉が窮地に立たされたため、光秀は播磨への援軍を命じられたのである。

同年六月以降、光秀は別所方の神吉《かんき》氏の居城・神吉城（兵庫県加古川市）、同じく櫛橋《くしはし》氏の居

細川忠興

城・志方《しかた》城（同上）を攻撃した（『信長公記』）。その後、両城が落城すると、光秀は播磨から退却したようである。再び同年八月、光秀は丹波に出兵するが、この頃に娘の玉は藤孝の子・忠興のもとに嫁いだ（『細川家記』）。二人の結婚は、光秀と藤孝・忠興父子との関係を強化する政略的なものだった。三木城の戦いの結末を先取りすると、天正八年一月に別所長治自らが切腹することで戦いは終結した。降伏の条件は、城兵の命を助けることだった。

†信長の四国政策とは

各方面で八面六臂《はちめんろっぴ》の大活躍の光秀は、信長から土佐の長宗我部元親《もとちか》の取次を命じられた。光秀が取次に起用された理由は、家臣・斎藤利三の弟・石谷頼辰《いしがいよりとき》の妹が元親の妻であったからだといわれている。信長は長宗我部元親に「四国は切り取り次第である」（『元親記』）と約束したが、のちに信長は前言を撤回し、元親の四国統一を認めなかった。それゆえ、信長と元親の関係は悪化し、取次を担当した光秀の立場も悪くなった。そのことが本能寺の変の原因の一つになったという説がある。光秀と本能寺の変を語るうえにおいて、信長による四国政策の変更は避けることができない重要なテーマである。

信長の四国政策の変更によって、光秀の立場が悪くなった点に関しては、高柳光壽氏が古くから触れていた（高柳：一九五八）。以降、信長研究の第一人者である、藤田達生、桐野作人の各氏らによって検討されてきたが、関連史料が乏しいゆえに、多くを『元親記』などの二次史料に頼らざるを得ない事情があった。ところが、近年になって「石谷家文書」が岡山市北区の林原美術館で見つかり、浅利尚民《なおみ》など編『石谷家文書――将軍側近のみた戦国乱世』として刊行された。「石谷家文書」は室町幕府奉公衆を務めた石谷光政・頼辰親子二代にわたる文書群で、全三巻四十七通もの貴重な史料である。とりわけ中世史料が乏しい、土佐の戦国史を解明するうえで重要な史料群であるといえよう。

発見時には、マスコミであたかも本能寺の変の謎が解明されたかのように報道されたが、それは正確な説明と言えない。本能寺の変に至る、信長と元親との交渉の一端が解明され、これまでの二次史料に基づく誤った見解を改めたのは事実である。しかし残念ながら、「石谷家文書」には、本能寺の変のさまざまな謎を解く情報は含まれていない。その点は重要なので、あらかじめ申し述べておきたい。

信長が畿内周辺から中国方面に目を向けた頃、土佐に本拠を持つ長宗我部氏は四国で覇を唱えるべく軍事行動を行っていた。天正二年（一五七四）、長宗我部元親は一条兼定《かねさだ》を豊後国に放逐すると、翌年には国内の有力領主層を動員して、念願の土佐統一を成し遂げた。元親は天正四年から伊予、讃岐、阿波へと侵攻し、四国統一を目指した。その際、元親は信長と結び、戦いを有利に進めようと考えたのである。

両者が強力な関係を結んだ事例としては、天正三年に比定される十月二十六日付の信長書状（元親の子息・信親宛）によって、信親が偏諱《へんき》（信長の「信」字）を与えたことがあげられる（『土佐国蠧簡集《とさのくにとかんしゅう》』）。「信」字は織田家の通字でもあることから（信長の父は信秀）、信長がいかに長宗我部氏を重視していたかわかる。主君が家臣に名前の一文字を与え、紐帯《ちゅうたい》を強めたことは、当時広く見られたことである。

信長の偏諱授与については、右のとおり天正三年十月のことと考えられてきた。しかし、年未詳十二月十六日付の元親書状（石谷頼辰宛）には、当時まだ弥三郎と名乗っていた信親に対して、信長から「信」字が与えられたと記されている（「石谷家文書」）。この書状には、信長が摂津・有岡城の荒木村重を討伐するため出陣した旨が記されているので、天正六年に比定された。したがって、『土佐国蠧簡集』所収の信長書状は、天正三年でなく天正六年に比定されるべきであると指摘されている。「石谷家文書」によると、信親は偏諱を与えられると同時に阿波での在陣を認められ、また同書状の末尾には「猶、惟任（光秀）申すべく候也」とあるので、取次を行ったのが光秀だったことがわかる。

†『元親記』という軍記物語

元親は信長から四国統一のお墨付きをもらったといわれているが、それはいかなる根拠によるものだろうか。軍記物語の『元親記』には、「この由緒を以て、四国の儀は元親手柄次第に切り取り候へと御朱印頂戴されたり」と記されている。「切り取り」とは実力で他国に侵攻し、自分の領土に編入することで、元親は信長から自分の力量次第で四国統一をすることを許可されたということになろう。「この由緒」とは、先に記した信長が信親に偏諱を与え、阿波在陣を許可した書状になる。ただし、『元親記』に記されている「四国の儀は元親手柄次第に切り取り候へ」という信長の朱印状は残っておらず、それがいつの出来事なのか、年次も書かれていない。

『元親記』という史料は、どのように評価されているのだろうか。『元親記』は、寛永八年（一六三一）に長宗我部氏の旧臣・高島孫右衛門正重が元親の三十三回忌に執筆した書物である。長宗我部氏が事実上滅亡したのは、慶長五年（一六〇〇）の関ヶ原合戦後なので、三十一年後の成立である（長宗我部盛親は大坂夏の陣後に刑死）。これまでの長宗我部氏研究では、同書の成立年が早く長宗我部氏の近臣の手によって書かれたものであることから、信頼できる二次史料であるとして積極的に活用されてきた。

そのうえ高知県内の中世史料は非常に僅少だったため、『元親記』だけでなく『長元物語《ちょうげん》』などの二次史料も使われた。しかし、長宗我部氏の家臣が執筆したからとか、成立年が早いからという理由だけで、記述内容の信頼性を担保できるのであろうか。こうした編纂物は、執筆者の意図があって書かれているので、史料上のバイアスが少なからずかかっている。また、記憶違い等々も多分に反映されているので、全面的に信を置くことができず注意が必要である。

四国切り取り自由の一件については、次章でもう少し詳しく考えてみたい。

元親と信長が同盟関係を結んだのは、阿波や讃岐に本拠を置く三好氏への対策だった。かつて阿波や讃岐では細川氏が守護を務めていたが、時代とともに徐々に衰退していった。十六世紀半ば以降になると、細川氏の代わりに家臣の三好長慶《ながよし》が台頭して畿内を席巻し、阿波三好家が大きな力を持った。阿波三好家は信長と対立しており、両者の関係は険悪だった。阿波三好家を敵視していたのは元親も同じであり、共通の利害が二人を強く結び付けたと考えてよいであろう。

†光秀と石谷氏

『元親記』には、信長が信親に偏諱を授与した状況が克明に記録されており、奏者が光秀であったこと、その家臣・斎藤利三が元親の小舅《こじゅうと》（娘は元親の正妻）だったこと、利三の兄・石谷頼辰が光秀の使者を務めたことなども記されている。そこで問題となるのは、長宗我部元親と光秀および光秀の家臣の主従関係あるいは婚姻関係である。長宗我部元親の妻は、室町幕府奉公衆である石谷頼辰の妹だった。石谷光政（頼辰の養父）と頼辰が幕府の奉公衆であったことは、『永禄六年諸役人附』で確認できる。そして、頼辰は光秀の家臣・斎藤利三の兄でもあり、のちに石谷氏の養子になったことが指摘されている。つまり、明智、斎藤、石谷、長宗我部の四者は、主従関係や婚姻関係で結ばれていたことが判明する。

ただし、大変残念なことに、元親が石谷頼辰の妹を妻に迎えた理由が明らかになっておらず、この点は今後の課題として検討が必要である。『美濃国諸家系譜』を見ると、利三の兄は「某石谷兵部少輔《ひょうぶしょうゆう》」と記されており、明智光秀に仕えていたと注記されている。「某」とあるとおり、実名は記されていない。利三の兄が光秀に仕えていたのかは、史料で確認できない。また、利三の生母は光秀の妹（あるいは叔母）であったといわれるなど、明智、斎藤、石谷の三者の主従関係・血縁関係もまた、非常に複雑に絡み合っていた。

光秀が長宗我部氏の取次を担当したのは、主従も含めた濃密な関係が理由であると考えられる。もちろん、信長が元親と交渉する際、まったく長宗我部氏と無縁な人物を起用するよりも、何らかの関係のある人物を登用するのは当然といえよう。

†元親と大津御所体制

当時、元親の権力は、どのように捉えられていたのだろうか。長宗我部氏あるいは一条氏の権力構造は、高知大学の秋澤繁氏が「大津御所体制」という説を提唱しており、その観点から信長と元親との関係を論じた（秋澤：二〇〇〇）。大津御所体制とは、元親が土佐国の形式的な国主として一条内政《ただまさ》（兼定の子息）を推戴し、元親が実力によりこの体制を規定するという説であり、元親と内政の妥協の産物と指摘されている。大津（高知市）とは、内政が本拠とした大津城のことである。元親の地位については「信長により大津御所（公家）の輔佐を命ぜられた武家に過ぎず、御所体制内に封じ込められた不完全大名（陪臣）」と位置付けた。

元亀四年（一五七三）六月から天正三年（一五七五）五月にかけて、土佐一条氏の本家である一条内基《うちもと》が土佐に下向した。下向した理由は、土佐一条氏の家臣団からの要請に基づき救援に赴いたとされ、内基は元親に土佐一条氏の援助を依頼したという。内基が目標としたのは、公家大名から在国大名への縮小・転換であったとされ、内基は内政の後見役を引き受けたと指摘されている。内政の「内」字は、内基から与えられたと考えられる。なお、公家大名という言葉は、定着しているわけではない。

右のような経緯を踏まえ、信長は元親の四国統一と大津御所体制を承認した。理由は、信長が元親と大津御所体制を二重に統制できるからである。信長は摂関家の一条内基が大津御所体制の後援者であったことを重視していたと指摘されており、一条氏を通して長宗我部氏の統制を行おうとしたと結論づける。現在、この説は土佐の史学界を中心にして、広く承認されているようである。

『信長公記』天正八年六月二十六日条には「土佐国捕（補）佐せしめ候長宗我部土佐守」と記されており、『多聞院日記』天正十三年六月二十一日条にも長宗我部氏は「土佐一条殿の内一段の武者也」とある。後者にいたっては、長宗我部氏が土佐一条氏の内衆に位置付けられている。以上の記述は、大津御所体制の重要な根拠史料である（ほかに『土佐物語』などの二次史料も使用）。ともに長宗我部氏を土佐一条氏の格下に位置付けるのは共通した点であるが、いずれも断片的な記述に過ぎず、大津御所体制とまで言い切れるのか疑問が残る。

近年、戦国史家の中脇聖《なかわきまこと》氏は「大津御所体制」を子細に検討し、次のような視点から批判を行っている（中脇：二〇一三）。以下、その指摘を考えることにしよう。そもそも内政に関する一次史料は乏しく、大津御所体制の根本史料は『土佐物語』などの後世の編纂物に偏っている。『土佐物語』は土佐の吉田孝世《たかよ》の手になるもので、長宗我部氏の興亡を描いた軍記物語である。宝永五年（一七〇八）に成立したが、一条兼定を暗愚な武将として描くなど、記述には問題が多いといえる。

『信長公記』の記事は、内政個人を補佐するのではなく、土佐国を補佐するように読める。また、『多聞院日記』は一条氏（藤原氏）の氏寺である奈良・興福寺の塔頭・多聞院の院主が記したもので、あえて一条家と長宗我部氏の家格を考慮して、長宗我部氏を格下のように表現していると考えられる。つまり、このような断片的な記述からは、大津御所体制はとても承認できないということになろう。仮に、土佐一条氏が形式的に「礼の秩序」の最上位に位置付けられたとしても、実際の権力のあり方と混同している感が否めない。内政は長宗我部氏の傀儡《かいらい》に過ぎず、軍事的な脅威にはならないのである。また、信長（のちの秀吉も含めて）が大津御所体制を長宗我部氏の統制に利用する理由が十分に検討されていない。

以上の中脇氏の指摘から、大津御所体制という概念はいささか検討不足であり、現時点では受け入れられない。根拠となる二次史料などの記述は極めて断片的で、信長が一条家を通して長宗我部氏を統制したという、具体的かつ裏付けとなる一次史料がない以上、認めることはできないと考える。

†四国の情勢

元親は信長と良好な関係を築き、四国各地に兵を次々と進めた。天正九年（一五八一）頃までには、本国の土佐に加えて阿波・讃岐のそれぞれの一部を支配下に収め、四国統一が目の前に迫っていた。しかし、その状況は、決して長くは続かなかった。その原因こそが、まさに信長の四国政策の転換だったといえる。信長が元親の四国切取自由を撤回したので、両者の関係は急激に悪化したのである。以下、その前段階に至る経過を確認しておこう。

戦国期における阿波国の政治情勢は、極めて複雑だった。元親が土佐から讃岐や阿波南西部に攻め込む状況下で、天正六年一月には三好長治の実弟・十河存保《まさやす》が阿波に渡海する事態になっていた（のちに存保は三好を姓としたが、十河で統一する）。もともと長治は阿波国を支配していたが、天正五年三月に元親と細川真之《さねゆき》の連合軍に敗れて討伐された。

『南海通記《なんかいつうき》』によると、存保は信長の命を受けて阿波に渡海したとするが、裏付ける一次史料がなく検討を要する。その後、親信長派の元親と存保が激戦を繰り広げているところを見ると、『南海通記』の記述は矛盾していると感じる。『南海通記』は香西成資《こうざいしげすけ》の手になるもので、享保二年（一七一七）に成立した。『元親記』や『長元物語』などの諸書を参考としながらも、独自の見解を述べている箇所もある。すでに信長が元親に「四国は切り取り次第」といいながら、一方で存保に阿波渡海を命じているのは明らかに矛盾する行為である。この点は天野忠幸氏が、存保は反信長派であり、三好氏の再興を目論んでいたことを明らかにしている（天野：二〇一二）。存保が十河でなく、三好姓を名乗ったのはその証左なのである。

天正六、七年の間は、信長と元親との関係を示す史料が少ないため、両者の交渉などが判然としない。信長と元親の関係だけでなく、この頃の四国の政治情勢を明らかにする一次史料もかなり不足している。こうした史料の制約があるがゆえに、二次史料を用いるのもやむを得なかったのだろう。つまり、天正六年以降、信長方にあった元親は、反信長派の存保と戦っていたと考えるのが妥当である。

†続く信長との良好な関係

天正八年(一五八〇)十一月、以上のような政治状況を踏まえて、元親は羽柴(豊臣)秀吉に書状を送った(「吉田文書」)。その内容とは、阿波における十河氏との有利な交戦状況を報告するとともに、重要なメッセージを送っている。史料の関係部分の読み下し文は、「阿・讃平均においては、不肖の身上たるといえども、西国表御手遣いの節は、随分相当の御馳走致し粉骨を詢《はか》るべき念願ばかりに候」となる。

これは、阿波・讃岐両国が平定されたのち、元親がその領有権を希望したとの解釈があるが、そう読んでよいのか疑問が残る。平均には平定という意味があるが、元親による領有まで深読みする必要はないのではないか。むしろ、元親の「阿波・讃岐が平定されたときは、不肖の身ではあるとはいえ、西国方面攻略では最大限の努力をしたい」という意思表示と解釈できないだろうか。元親は阿波・讃岐の平定で随分と苦労して至らない点があったが、西国方面(毛利氏）での戦いでは貢献したいということになろう。

同じ書状のなかで、元親は三好康長が近いうちに讃岐国に至り、安富館まで下国することを報じている。この頃、十河存保と同じ三好一族の康長は、信長の配下に収まっていた。阿波・讃岐をめぐる攻防戦であることから、康長を元親との敵対勢力とみなす考え方があるが、康長は元親と同じ信長の配下なので、信長派なのは明らかである。康長は元親と協力して、存保を討伐する目的があったので、両者が敵対関係だったとは考えにくい。康長は讃岐から侵攻し、阿波に攻め込む予定だったのだろう。

天正八年六月、明智光秀の執奏《しっそう》によって、元親から信長に鷹や砂糖が贈られている（『信長公記』）。また、元親は大坂本願寺が降伏したので、信長にお祝いとして伊予鶴を贈った（『土佐国蠹簡集』）。この間における、信長と元親との関係は良好だった。贈答品を献上したのは、その証である。元親は、信長との友好的な関係を続けたかったのである。元親から贈答品を贈られた際、信長は隣国との紛争に触れているが、それが阿波・讃岐の状況を示しているのは明らかである。この段階においても阿波・讃岐の平定がなっておらず、戦闘が継続中であったことがわかる。このあと、本能寺の変に至る過程において、両者の関係は悪化する。

†荒木村重の裏切り

再び、信長に危機が訪れた。天正六年（一五七八）十月、信長の重臣・荒木村重が叛旗を翻したのである。この年の二月には、三木の別所氏が叛旗を翻したので、村重の謀叛は大きな痛手になった。同年九月、光秀は丹波へ出陣しており、小山（京都府南丹市）、高山（同上）、馬堀（京都府亀岡市）の諸城を落としていた。とはいえ、村重の謀叛は決して他人事ではなかった。光秀の娘は、村重の嫡男である村次《むらつぐ》に嫁いでいたからである。

信長は村重の真意を質《ただ》そうとしたが、村重は答えなかった。村重との姻戚関係からか、光秀は村重の翻意を促すべく、松井友閑、万見《まんみ》重元《しげもと》らとともに有岡城（兵庫県伊丹市）に派遣された。ところが、説得は難航を極め、改めて光秀は有閑、秀吉とともに村重への説得を試みた。結局、村重は説得に応じなかったので、交渉は決裂したのである（『信長公記』）。

同年十一月、信長は村重を討伐すべく出陣し、光秀もこれに従った（『信長公記』）。一方の村重は、嫡男・村次に嫁いだ光秀の娘を離縁し、光秀のもとに送り返した。村重は光秀と敵対関係になったので、姻戚関係を解消したのである。なお、離縁した娘は、光秀の家臣・明智秀満と再婚したという。同時に、光秀は村重が謀叛を起こしたことについて、小畠越前守に油断なき対処を指示している（「小畠文書」）。特に、三田《さんだ》城（兵庫県三田市）に籠る荒木平太夫は、丹波に近かったからである。

信長は有岡城の周囲に付城を数多く構築し、本格的な攻城戦に臨んだ。光秀も攻城戦に参陣していたが、同年九月には八上城攻撃を命じられた。円通寺（兵庫県丹波市）の要請により、禁制を発給したのはその証だろう（「円通寺文書」）。天正四年以降、信長に叛旗を翻した波多野氏の存在は懸案事項だったが、未だに八上城の攻撃に専念できる状況になかった。

同年十一月、光秀は佐竹出羽守に対して、有岡城を包囲する陣所を築くため、その資材を調達するように命じた（「尊経閣文庫所蔵文書」）。一方で同じ頃、光秀は小畠氏に出陣する体制にあることを伝え、普請道具を準備するよう伝えている（「小畠文書」）。また、同年十二月、光秀は三田城に付城を築くよう諸将に命じていた（「中島寛一郎氏所蔵文書」）。光秀は有岡城攻略に従いつつも、八上城攻撃の準備をしなくてはならず、息をつく間もなく、運命の八上城攻略を信長から命じられたのである。

†丹波八上城攻略

天正六年（一五七八）十二月、光秀は波多野秀治を討つべく、再び八上城に向かった。ここから、八上城の兵粮攻めが開始される。ところが、光秀は八上城攻撃からいったん離れ、居城がある坂本（滋賀県大津市）へ戻り、天正七年一、二月を茶会などをして過ごした。光秀が本格的に八上城の攻略に取り組んだのは、天正七年二月二十八日のことである。すでにそれ以前の段階で、八上城の周囲に付城を築き、通路を防いだことがうかがえ、近々に八上城が落城するだろうと述べている（「楠匡央家文書」）。

同年二月、波多野氏は兵庫や（屋）惣兵衛なる商人に対し、徳政や関料（関所の通行料）免除などの流通上の特権を与えた（「大阪城天守閣所蔵文書」）。この措置は、波多野氏が来るべき籠城戦に備え、武器・弾薬および食料の調達を企図したものだろう。波多野氏も徹底抗戦の態度で、光秀の襲来を待ち構えた。同年一月にはすでに合戦が起こっており、光秀方の明智（小畠）永明が討ち死にした（「小畠文書」）。同年二月六日、遺児の伊勢千代丸は幼少だったので、光秀は十三歳まで森村左衛門尉が名代を務めることを認め、遺族および森村氏から誓紙を取った。同年三月、夜間に岩伏で合戦があり、大芋氏が軍功を挙げた。光秀は恩賞として大芋氏に対し、望みの所に百石の知行を与えると約束している（『丹波志』所収文書）。

戦いは、光秀に有利に進んだ。天正七年（一五七九）に比定される四月四日付の光秀の書状（和田弥十郎宛）には、詳しい戦況が述べられている（「下条文書」）。八上城内から、城を退くので命を助けてほしいと懇望してきた。すでに籠城した兵卒は、四、五百人が餓死していた。城から運ばれてきた餓死者たちは、顔が青く腫れて、人相が人のようでなかったという。光秀は五〜十日ほどで八上城を討ち果たし、一人も逃さないよう、付城に加えて塀、柵などを幾重にもめぐらした。八上城の落城後、光秀は丹後に出陣するよう、信長から命じられていた。

同年五月六日の光秀の書状には、さらに戦いが進展した様子がうかがえる（「小畠文書」）。八上城の本丸はすでに焼け崩れた状況だったが、光秀はすぐに城へ攻撃することは控え、敵兵を徹底して殺戮する方針を取った。また、乱取り（兵卒による略奪）がはじまると、敵兵を討ち漏らしてしまうので禁止することを命じた。敵の首はことごとく刎ね、首の数に応じて恩賞を与えるとしている。徹底して敵を討ち取ろうとしたのは、光秀の考えだろう。それは、光秀がさんざん丹波攻略に苦労したからではないだろうか。

『信長公記』によると、八上城内は飢えで苦しむ人が苦しい生活を強いられていたという。最初は草や木の葉を食べていたが、それが尽きると、今度は牛馬を食べて飢えを凌いだ。最後は城内の兵が空腹を我慢できずに城外に食糧を求めて飛び出すと、たちまち光秀軍に討ち取られたという。やがて、光秀は城内の厭戦ムードを察知して、調略によって秀治ら三兄弟を捕縛することに成功したのである。

同年六月一日、通算すれば数年にわたる八上城の攻防は終わり、波多野秀治ら三兄弟は降伏した。秀治ら三兄弟は亀山（京都府亀岡市）から入洛し、京都市中で見せしめのため引き廻しにされた。その後、山中越えのルート（京都市左京区から比叡山を抜け、大津市志賀に抜けるルート）から坂本（滋賀県大津市）へ送られ、同年六月八日に安土城下の浄厳院慈恩寺で磔刑に処されたのである（『兼見卿記』）。

†光秀は人質として母親を差し出したか

光秀が丹波八上城（兵庫県篠山市）の波多野秀治ら三兄弟を攻撃した際には、有名な逸話が残っている。それは、本能寺の変で光秀が信長を討ったのは、怨恨によるものという根拠になっている。光秀は自身の母を人質として八上城に預け、秀治ら三兄弟の身の安全を保証したうえで降伏させた。しかし、波多野三兄弟を安土に連行したところ、光秀の助命という意向は完全に無視された。信長は秀治ら三兄弟の磔刑を命じ、安土城下で執行されたのである。秀治ら三兄弟の処刑の一報を耳にした波多野氏の家臣は、ただちに人質だった光秀の母を殺害した。そして、城外に打って出て光秀軍に突撃し、ことごとく戦死したというのである。

右の話は、『総見記』に書かれたものである。ただ、先述した『信長公記』や光秀の書状によると、光秀の兵粮攻めによって籠城していた兵卒は完全に疲弊していた。落城は目前だったのである。戦いで優位に立つ光秀が、敢えて母を波多野氏に対し、人質として送り込む理由がない。『総見記』（物語日本史大系、早稲田大学出版部）とは、『織田軍記』と称されている軍記物語の一種である。遠山信春の著作で、貞享二年（一六八五）頃に成立したという。本能寺の変から、百年ほど経て成立したものである。

内容は、史料的に問題が多いとされる小瀬甫庵の『信長記』をもとに、増補・考証したもので、脚色や創作が随所に加えられている。史料性の低い甫庵の『信長記』を下敷きにしているので非常に誤りが多く、史料的な価値はかなり低い。記述に大きな偏りが見られるため、とうてい信用に値するものではないと評価されている。八上城の開城後の措置については、光秀の書状や『信長公記』の記述のほうが信憑性が高く、『総見記』などの記述はあてにならない。したがって、右の逸話はまったくの創作であり、史実として認めがたい。

†丹波・丹後の平定

光秀は長期にわたる八上城の攻略を終え、波多野氏を滅亡に追い込んだが、丹波には黒井城の赤井忠家、宇津城（京都市右京区）の宇津頼重が依然として抵抗を続けていた。なかでも頼重は、禁裏御料所の山国荘（京都市右京区）をたびたび違乱《いらん》しており、止めるように命じても応じず、手を焼く存在だった。

天正七年（一五七九）七月、光秀は頼重を討つべく、再び丹波に出兵した。ところが、光秀を恐れた頼重は、宇津城を放り出して逃走した。それでも光秀は進軍を続け、丹波鬼が城（京都府福知山市）を攻めて近在に放火し、付城を築いたという（『信長公記』）。鬼が城の城主は不明であるが、赤井氏の関係者であると考えられている。これにより宇津氏の勢力は、山国荘に違乱することがなくなった。同年七月二十四日、光秀は朝廷から軍功を称えられ、馬、鎧、香袋を与えられたのである（『御湯殿上日記』）。

その後、光秀は細川藤孝とともに、丹後の一色義道・義定父子の討伐に向かい、降参に追い込んだ（『細川家記』）。さらに光秀は丹波に戻り、赤井忠家の討伐に向かった。忠家の叔父・直正は前年三月に亡くなっており、赤井氏の威勢は衰退傾向にあった。同年八月九日、光秀は黒井城を攻撃した（『信長公記』）。黒井城から兵卒が出陣し、光秀軍と交戦したが、最終的に降参して開城した。忠家は逃亡し、遠江国二俣《ふたまた》（静岡県浜松市）に逃れたという。

丹波・丹後平定後、信長は光秀に感状を送り、その功を激賞した。同年十月二十四日、光秀は安土で信長と面会し、丹波・丹後を平定したことを報告した（『信長公記』）。これにより、光秀は丹波一国の支配を任される。光秀の活躍ぶりについて引き合いに出されるのが、信長の天正八年八月の佐久間信盛・信栄父子への折檻《せっかん》状である（『信長公記』）。ここで第一に、光秀の丹波平定の軍功が高く評価されている。折檻状の目的は佐久間信盛・信栄父子の怠慢を断罪するものなので、光秀や秀吉の軍功を強調するのは当たり前だった。それはほかの大名の奮起を促し、信賞必罰という方針をいっそう明確にするためだったのだろう。

†光秀と丹波の城郭

光秀が丹波支配の拠点に定めたのは、亀山城（京都府亀岡市）である。そもそも亀山城は丹波攻略の拠点として、天正四、五年（一五七六、七七）頃に保津川と沼地を北に望む小高い丘（荒塚山）に築かれた。光秀は小畠氏らに宛てて、「亀山惣堀普請」を行うように命令しており（「小畠文書」）、それは天正五年一月頃と考えられている。

当時の史料が乏しく全容は不明であるが、天正八年に丹波支配を任された光秀は、ここに城下町を築いたという。翌天正九年四月には、さらに普請が行われた状況がうかがえる（「片山宣家氏所蔵文書」）。こうして亀山城は、徐々に補強を重ねていった。亀山城は京都にも近く、丹後、摂津、播磨へ通じる交通の要衝地だったが、丹波は非常に広く、各所に拠点となる城を必要とした。丹波北部の拠点としたのが福知山城（京都府福知山市）で、城主は家臣の明智秀満が務めた。福知山城は福知山盆地の丘陵地帯に築城され、由良川が天然の堀になるなど要害の地だった。ここで期待されたのは、丹後、但馬方面の押さえということだろう。

黒井城は赤井氏の居城であり、標高三五六メートルの頂上に本城が築かれた。周囲は、約八キロに及ぶ猪口山全体が巨大な要塞と化していた。山中には曲輪《くるわ》や土塁、空堀《からぼり》など遺構がそのまま今も残っており、戦国時代の典型的な山城跡とされている。現在の遺構は、赤井氏の時代に大幅に改修されたと推測される。黒井城には、但馬、播磨方面の押さえとしての機能が期待されたと考えられる。城主を務めたのは、光秀の家臣・斎藤利三である。ただ、広範な丹波を支配するには、右の三つの城では不足していたようである。天正七年十月には、柏原城（兵庫県丹波市）が支城として確認できる（『兼見卿記』）。柏原城は八幡城とも言い、現在の柏原八幡神社に所在した。城主は不明。柏原城は、黒井城とさほど距離が離れていない。

天正九年八月には、周山城《しゅうざんじょう》（京都市右京区）が確認できる（『宗及他会記』）。周山城は京都市中に通じる、周山街道沿いに築かれた。やはり交通の要衝地で、家臣の明智光忠が城主を務めたといわれている。主郭は総石垣作りで、天守台が設けられている。東西七〇〇メートル、南北五〇〇メートルというかなり大規模な城郭だった。落城させた宇津城では普請を行った記録があり（『兼見卿記』）、ほかにもいくつかの城を整備した可能性がある。

一方、信長の方針により、光秀に従った丹波の国衆に対しては、城郭の破却を命じた。将来、城郭が抵抗の拠点になることも想定されたからだろう。山家《やまが》（京都府綾部市）の和久氏は城郭破却の命に従わず、城を寺と偽って破壊しなかったため、光秀から成敗されている（「御霊神社文書」）。城の破却命令は、かなり徹底されたようである（以上、城郭については福島：一九九〇）。

†光秀の丹波支配

光秀の丹波支配は、どのように行われたのだろうか。天正七年（一五七九）八月、光秀は氷《ひ》上郡内《かみぐん》の寺庵、高見山（兵庫県丹波市）下の町人、所々の名主・百姓に宛てて判物《はんもつ》を発給した（「冨永忠夫氏所蔵文書」）。内容は赤井氏を成敗したので、彼らに還住を命じたものである。それは、信長の意向を踏まえたもので、天正八年以降は光秀による本格的な丹波支配を確認することができる。

天正八年二月十三日、光秀は天寧寺（京都府福知山市）に判物を送り、諸式の免除、軍勢の陣取りや竹木等の伐採を禁止する旨を伝えている。これは判物なので、光秀自身の意向で発布したものであり、主君である信長の意を奉じたものではない。したがって、光秀の丹波支配は信長の方針に沿いながら、独自の判断で行ったといえる。翌年十月、福知山城主の明智秀満が光秀の右の判物を根拠として、諸式を免除した（以上、「天寧寺文書」）。その周辺地域は、秀満の手により支配が行われたのである。

同年七月、光秀は丹波の宮田市場（兵庫県篠山市）に掟を定めた（『丹波志』所収文書）。冒頭の二カ条では喧嘩、口論、押買《おしがい》（不当な値段でものを強引に買うこと）を禁止し、国質《くにじち》、所質《ところじち》などを禁止している。また、毎月の市《いち》の開催日を四日、八日、十二日、十七日、二十一日、二十五日に定め、違反する者は厳罰に処すると定めた。こちらも判物形式になっており、信長の意向を汲んだ奉書とはなっていない。

同年七月には、光秀の家臣で黒井城主を務める斎藤利三が白毫寺《びやくごうじ》（兵庫県丹波市）に判物を与えた（「白毫寺文書」）。内容は白毫寺に還住した衆僧について、陣への人足の負担を免除したものである。宛先は、白毫寺門前の地下人《じげにん》である。黒井城の周辺は戦争で荒廃し、白毫寺の僧侶や周辺の住民らも逃げ出したのだろう。そこで、白毫寺の僧侶らの帰還に際し、経済的な負担を軽減するため、陣夫役を免除したのである。同年八月、光秀は愛宕山威徳院（京都市右京区）に祈願成就のお礼として、多紀郡宮田村（兵庫県篠山市）のうちから二百石を奉納した（「色々証文」）。このことから、光秀は丹波攻略に際して（あるいはほかの戦いも含めて）、愛宕山威徳院に戦勝祈願をしており、丹後出陣に際して戦勝祈願を行っていたことを確認できる（『思文閣墨蹟資料目録』所収文書）。

天正八年（一五八〇）九月九日、光秀は丹波船井郡の土豪・井尻助大夫に領知の宛行を行った（『世界の古書店目録』所収文書）。それは同族と思しき井尻甚五郎から収納した百九十五石余に本知の五十五石余を加え、計二百五十石余を新恩として与えたものである。光秀は新たに領知を井尻氏に与えることにより、配下に加えたのである。また、同年末には、宇津領内からの年貢を受け取った旨の請取状も残っている（「中島寛一郎氏所蔵文書」）。

同年五月、丹波の粟野氏、出野氏、片山氏は、知行高の指し出しを行った。宛先の杉生山右衛門尉の詳細は不詳であるが、光秀配下の奉行人であろう。この史料は、彼らの当知行分を一紙にまとめたもので、それぞれの知行分と地子分《ちし》（土地の税）によって構成されており、同時に侍と百姓の人数を指し出している（以上、「片山丁宣氏所蔵文書」）。この指し出しにより、光秀が軍役や年貢の負担を掌握しようとしたと考えられる。

天正八年〜十年の間に比定される光秀の書状は、三上、古市、赤塚、寺本、中路、蜷川の各氏に宛てたものである（「吉田文書」）。それは、初秋に信長が毛利征伐を行うため、今年の春に国役として十五日間、面々の知行地で開作することを命じたものである。侍にも井を開き、溝を掘るように命じられており、加えて侍が召し抱える下人、下部も開墾に従事させるというものだった。それだけでなく、百姓には来るべき毛利征伐の際には、動員されることが予告されている。このように、残された史料は乏しいのであるが、光秀は丹波国内に拠点となる城を築き、支配を展開したことがわかる。また、光秀は丹波の支配を行うと同時に、丹後や大和の支配にも一部関わっていた。それは、信長が光秀を信頼した証でもあった。

†安土城で催された左義長

信長は天正九年（一五八一）に京都で馬揃えを挙行するが、運営を光秀に任せている。同年一月十五日、信長は馬廻衆を安土城に招き、左義長《さぎちょう》を催した。実は、馬廻衆を安土城に招き園遊会を催そうと考えていたが、当日は雨が降ったので、左義長に振り替えられたという経緯があった（『信長公記』）。

正親町天皇

左義長とは、正月に催される火祭りの行事のことである。一月十五日に長い竹を数本立て、正月の門松・しめなわ・書初などを持ち寄って焼き、その火で餅などを焼いて食べると、その年は病気にならないとされた。地方によっては、「どんど焼き」または「さいとやき」とも称されている。今や都会化が進み見られなくなった光景であるが、かつては各地で執り行われた行事である。信長の催した左義長では、派手に爆竹も鳴らされたことが記されており、見物人がどっとはやし立て大いに盛り上がったという。同時に織田家の一門がほぼ勢揃いし、信長自らが豪華な衣装を身にまとって登場するほどであった。とりわけ騎馬行列は多くの見物人の目を引き、皆一同に驚いたという。

このイベントの話が正親町天皇の耳に入り、強く関心を寄せていたといわれている。そのような事情もあり、京都においても、馬揃えが挙行されることになった。安土城での左義長が催された際、来る同年一月二十三日の京都における馬揃えの準備が光秀に任された（『信長公記』）。馬揃えとは、「良馬の飼育と奨励と兵馬の訓練のため、平時に軍馬を集めて検分し、その調練を検閲すること」ということになるが、実際には織田軍団の軍事パレードのようなものであった。馬揃えの準備のことは、信長の書状によって光秀に準備が命じられたことが判明する（『士林証文』所収文書）。その書状を読むと、先の一月十五日の左義長に関しても、実は光秀が担当者であったことがわかる。

†光秀が担当した馬揃え

天正九年一月二十三日、京都における馬揃えの準備が明智光秀によって行われた。馬揃えの規模は壮大で、参加者の人数もかなり多かった。馬揃えに華やかさを添えるため、駿馬《しゅんめ》を準備するための努力も最大限に行われ、徳川家康も鹿毛《かげ》の駿馬を一頭贈っている。馬揃え当日には、正親町のために禁裏の東門付近に行宮《あんぐう》（仮宮）が設置され、あとは当日を待つのみだった。

同年二月二十八日、信長は正親町を招き、禁裏の東門外で壮大な馬揃えを催した（『御湯殿上日記』など）。会場の長さ（南北）や幅（東西）についてはいくつかの説があるが、おおむね幅（東西）が一〇九〜一六三メートルで、長さ（南北）は約四三六〜八七二メートルという広大な広さだった。騎馬武者の衣装もきらびやかで、参加した武将は約七百名にも上った。公家衆も信長の招きに応じて、見学に訪れていた。一般の見物人は、約二十万人であったといわれている。この壮大な馬揃えを見れば、正親町や武家、公家はもちろんのこと、参加した誰もが信長の威勢に圧倒されたに違いない。

馬揃えは大成功し、光秀の株は大いに上がったことであろう。では、この馬揃えの意義は、どのように考えられているのだろうか。また、信長が馬揃えを行った本心は、いったいどこにあったのであろうか。これまでは、信長がこの正親町天皇に壮麗なる馬揃えを見せ、その軍事力を顕示し、正親町を威圧して譲位を迫ろうとしたという見解があった(今谷：二〇〇二など)。ところが、先例にならって正親町が譲位を望んでいたことは、以下に述べるとおりである。

†譲位問題について

信長が勧めたという正親町の譲位問題に関しては、その意味をめぐって議論が行われた。ごく簡単に説明すると、①信長は正親町に譲位を迫り朝廷を圧迫した、②信長から譲位の申し出を受けた正親町は感謝の気持ちを持った、という真っ向から対立する二つの見解がある。次に、正親町の譲位問題に関わる事実の経過を確認しておこう。

天正元年(一五七三)十二月三日、譲位問題が持ち上がった。信長は正親町に対して、譲位するように申し入れた(『孝親公記《たかちかこうき》』)。正親町は信長の申し出を受け、譲位の時期について関白・二条晴良に勅書を遣わしている。正親町は、譲位を快諾したと考えられる。晴良は勅書を受け取ると、すぐに信長の宿所を訪れ、正親町が譲位の意向を示している旨を家臣の林秀貞に申し伝えた。すると、秀貞は「今年はすでに日も残り少ないので、来春早々には沙汰いたしましょう」と回答した。

晴良は「御譲位・御即位等次第」について、余すところなく伝えたという。会談の詳しい内容は不明であるが、日程や費用の問題に関しても話し合われたと推測される。戦国期になると経費負担が重荷となり、天皇が即位式を行えないことが常態化した。実際に譲位を実施すると、即位式やその後の大嘗祭などを挙行するのに、多額の費用が必要だったからである。ところで、信長の譲位の勧めに対して、正親町はどう思っていたのであろうか。

正親町は信長からの譲位の申し出について、「（譲位は）後土御門《ごつちみかど》天皇以来の願望であったが、なかなか実現に至らなかった。譲位が実現すれば、朝家再興のときが到来したと思う」と感想を述べている（「東山御文庫所蔵文書」）。つまり、正親町は信長から譲位の申し出を受け、大変喜んでいるのである。戦国期の天皇は生存中に譲位することなく、死ぬまでその地位に止まっていた。通常は早々に天皇位を子に譲り、上皇になるのがスタンダードだったので、譲位を歓迎するのは当たり前であった。

院政期以後、一般的に天皇は譲位して上皇となり、上皇が「治天《ちてん》の君」として政務の実権を握るようになった。しかし、戦国期に至ると、後土御門、後柏原《ごかしわばら》、後奈良の三天皇は、生存中に譲位することができなかった。彼らが亡くなってから、天皇位は後継者の皇太子に継承されたのである。死ぬまで天皇位にあることは、極めて不本意だったが、そうした事態は彼らが望んだものではない。即位の儀式や大嘗祭《だいじょうさい》などには莫大な経費が必要になるため、天皇は譲位をしたくともできなかった。彼らは、費用負担を各地の戦国大名に依頼するなど、懸命に努力をしたが、ついに譲位をすることができなかったのである。

右のような事情があったので、正親町は信長の申し出に対して、大変喜んでいたのである。早速、朝廷では譲位に備えるべく、即位の道具や礼服の風干《ふうかん》（日陰で風に当てて干すこと）を行ったが（『御湯殿上日記』）、信長の存命中に正親町の譲位は行われなかった。義昭との関係が破綻してから、信長はその対応に忙殺されており、とても譲位どころではなかった。正親町の譲位が実現しなかったのは、信長側の事情が大きかったと推察される。

信長が正親町に譲位を申し入れたことは、信長が嫌がる正親町に譲位を迫り、窮地に追い込んだという、天皇への圧迫と捉える論者も存在する。つまり、信長と正親町は対立していたという観点から、朝廷が裏で明智光秀をけしかけて、本能寺の変を引き起こさせたという説である。しかし、信長が譲位を通して正親町を圧迫したという考えは正しいと言えず、逆に、正親町は信長の申し入れを受け、喜んで譲位を受け入れたと解釈すべきなのである。したがって、従来の説で指摘されたように、信長と朝廷との間に対立があったという考え方は、誤りと考えてよいのである。

†大いに喜んだ正親町

話を馬揃えの一件に戻そう。信長が馬揃えを催した目的は、天下（畿内）が治まりつつあるなかで、正親町と誠仁親王に奉公することだった。信長は、滅亡した室町幕府（足利義昭）がなしえなかったことを代わりに行ったのである。では、馬揃えを見学した正親町の考えはどうだったのだろうか。『信長公記』には、「天下（畿内）において馬揃えを執り行い、聖王への御叡覧に備える」とある。馬揃えは、信長の畿内近国制覇を誇示し、織田軍団の威勢の顕示と士気高揚を目的としたものだった。結果、「このようにおもしろい遊興を正親町がご覧になり、大喜びも喜びもひとしおで綸言を賜った」（『信長公記』）とあるので、正親町は馬揃えを見学し、大喜びだったのである。

信長は天皇の権威をよく理解しており、正親町を利用しながら天下統一を進めようとした。馬揃えはその一環に過ぎず、正親町へのご機嫌取りだった。馬揃えの意義とは、天下統一を目指す信長が、畿内周辺の諸勢力を集めて自らの力を誇示した点にある。正親町という権威を招き、その面前で馬揃えを執り行ったことに大きな意味があった。天皇を推戴し、自らの権威を高めようとした信長の思惑である。馬揃えという一大イベントは京都だけでなく、全国各地に情報が伝わったことであろう。それが実現したならば、信長の目的は十分に達せられたことになる。

信長が自らの軍隊を誇示し、正親町を遠回しに恫喝することにどんな意味があったのだろうか。それならば、御所に軍隊を送り込み、正親町を軟禁状態にすれば手っ取り早く済む。朝廷黒幕説は、否定されていると考えてよいだろう。

†光秀の軍法

光秀が日の出のような勢いで躍進するなかで、天正九年(一五八一)六月二日に制定されたのが「明智光秀家中軍法」である(「御霊神社文書」「尊経閣文庫所蔵文書」。以下、「軍法」と略)。「御霊神社文書」「尊経閣文庫所蔵文書」ともに、光秀の花押が据えられている。

軍法は、全部で十八カ条から成っている。前半の七カ条は戦場におけるルールを定めており、八カ条目以降は軍役負担の規定である。最後に後書が添えられている。珍しいことに、光秀の軍法には軍法と軍役負担が併載されている。七カ条のうちには、戦場において大声を出さないこと、雑談をしないことからはじまり、各部隊はまとまって軍事行動すること、勝手に陣払いすることを禁止するなど、戦場における決まりごとが詳細に定められている。

軍役負担については、百石につき六人と規定し、多少の誤差は認めていたようである。馬や指物、鑓などの軍備に関して、百石以上から五十石単位で細かく規定している。後書には、信長が瓦礫沈淪《がれきちんりん》のような光秀を召し出し、多くの軍勢を預けてくれたという、きわめて個人的なことまでも書かれている。

ところで、軍法については、長らく真偽をめぐって議論があった。半世紀以上も前の評価では、軍法を光秀の軍隊構成を知るうえでの重要史料などと高い評価を与える論者がいる一方（高柳：一九五八）、偽文書説も少なからずあった。しかし、尊経閣文庫（東京都目黒区）から軍法の原本が出現したとされ、子細に検討がなされた結果、信頼できる史料との評価が与えられた。以降、軍法は偽文書として扱われなくなり、研究でも用いられている。ただし、原本であるか否かは、今後の検討が必要であるとの指摘がある（堀：二〇一五など）。

偽文書と指摘されたのには、もちろん理由がある。この時代の軍法としてはかなり長文であり、また文章が難解で読みづらく雑である（谷口：二〇一四など）。これは、多くの論者が指摘する点である。

条文についても前半の七カ条は先駆的と言えば、そうかもしれないが、一条目の「懸かり口で鯨波《げいは》（鬨の声）以下の下知に応じること（を禁止する）」というのは、ほかに類例がなく理解しがたい。八条目以下の軍役負担も五十石刻みで細かく区分しているが、こちらもほかではお目に掛かれない。後書では、個人的なこと（光秀が信長から取り立てられたこと）をわざわざ書き記しているが、これも極めて特異である。

堀氏、山本氏らは軍法を詳しく検討し、いくつもの疑問を提示している。先述のとおり、文章は難解かつ戦国時代にはない表現が多いこと、軍役規定が戦争時の軍備を示したものではなく、行列時の綺羅を飾るものであることなどが指摘されている（山本：二〇一三）。さらに、当時の軍法ではおおむね明記されている抜け駆けの禁止などが規定されておらず、何より軍法と軍役負担という異なる性質のものが一緒になっていることも疑問視されている。

　したがって、現時点においてはなんら疑いのないというよりも、内容にいくつもの疑問点が提示されているので、要検討の段階にあるといえるだろう。

第七章　本能寺の変「陰謀説」に根拠はあるか？

†武田氏の滅亡

光秀の動向を時系列で書いてきたが、以後は天正九年（一五八一）から翌年の本能寺の変に至る重要な事件を取り上げ、一つずつ重点的に解説することにしたい。最初は、光秀が信長に恨みを抱いたとされる、いくつかの出来事についてである。

最初に取り上げるのは、天正十年（一五八二）三月の武田氏滅亡に関わる一件である。天正十年一月、信濃の木曾《きそ》義昌《よしまさ》が突如として、同盟関係にあった武田勝頼を裏切り、信長方に誼を通じた。この事態に驚いた勝頼は、ただちに義昌を討伐すべく、信濃に一万五千の兵を遣わした。勝頼の出陣を知った義昌が信長に援軍の要請を行った結果、信長は嫡男の信忠を先鋒とする軍勢を信濃に派遣した。

同年二月、光秀は甲斐への出陣準備を命じられた（『信長公記』）。同年三月五日、信長は光秀、筒井順慶、細川藤孝を引き連れて、安土から甲斐国へ向った。むろん武田軍を討伐する軍勢としてではなく、勝利を確信したうえでの「関東見物」であった（「古今消息集」）。公家の近衛前《さき》久《ひさ》が同道しているのは、その証左である。武田氏が滅亡したとき、信長は信濃国境すら越えておらず、美濃国の岩村城（岐阜県恵那市）に滞在中だった。

同年三月十一日、織田信忠の軍勢は甲斐の武田勝頼を天目山《てんもくざん》（山梨県甲州市）で滅亡に追い込み、甲斐の名門・武田氏は滅亡した。このときの軍功によって、滝川一益は上野国と信濃国（小県・佐久両郡）を与えられ、「関東管領」と称せられる地位に躍進したのである。同年四月、光秀は甲斐から帰還したが、ことさら恩賞を与えられた形跡はない。もとより戦っていないのであるから、仕方がないだろう。

光秀が信長に対して恨みを抱いた原因について、甲斐武田氏攻めのときに起こった、両者のいさかいに求める説がある。一つ目は、織田軍が武田氏を攻撃したとき、信濃国の反武田氏勢力が信長のいる法華寺（長野県諏訪《すわ》市）の陣所に結集した際の話である。光秀は信長が諏訪郡を配下に収めたことを祝い、「骨を折った甲斐があった」と言葉を漏らした。ところが、光秀は実際に戦ったのではなく、信長のお供として戦場にやって来たに過ぎない。

この言葉を聞いた信長は「(光秀が)どこで骨を折ったのか」と激怒し、光秀の頭を欄干《らんかん》にこすりつけるなどし、乱暴を働いたという逸話が伝わっている。それゆえ光秀は、信長に対して恨みを抱いたという。こちらの話は『川角太閤記』『祖父物語』という質の低い編纂物に書き記されたもので、史実として認めがたい。こういう事実は一次史料では確認できないうえに、荒唐無稽である。信長と光秀の怨恨を印象付けるための、創作に過ぎない。

『川角太閤記』は、田中吉政の家臣・川角三郎右衛門が作者とされ、成立は元和七年(一六二一)から同九年の間といわれている。成立年が早く人物が生き生きと描かれているが、内容には誤りが多いと指摘されている。本能寺の変の記述は、生き残った光秀の旧臣からの聞き取りをもとにしたというが、そのまま受け取るわけにはいかない。成立年が早いことと信憑性の高さは、必ずしも一致しないのである。

『祖父物語』(『朝日物語』とも)は、柿屋喜左衛門の著作とされ、成立は慶長十二年(一六〇七)頃と言われている。喜左衛門は、尾張国朝日村(愛知県清須市)の住人だった。内容は著者の祖父が見聞きしたものを筆録したもので、織田信長、豊臣秀吉をはじめ、織豊《しょくほう》政権下における武将らの逸話が収録されている。喜左衛門が祖父に実際に見聞きしたことを書き留めたとはいえ、信憑性が高いことを決して意味するものではないだろう。

ほかにもエピソードはある。天正五年（一五七七）五月初め、信長は庚申待《こうしんまち》（庚申の夜、三尸《さんし》の難を避けるために帝釈天《たいしやくてん》、青面金剛《しょうめんこんごう》、猿田彦《さるたひこ》を徹夜でまつる習俗）の夜、柴田勝家ら重臣たちとともに酒宴を催した。酒宴の途中、光秀は小用に立った。すると突然、信長は「きんかん頭（禿げ頭）、なぜ中座したのか」と激怒し、槍（または刀）を光秀の首筋に突き付けたといわれている。この出来事も怨恨説の証左の一つである。右の逸話は『柏崎物語』『義残覚書』『続武者物語』などに載せられているが、それらの書物も質の低い俗書であり、歴史史料としては問題が多い。そもそも柴田勝家は北陸に出陣中で、酒宴に参加する余裕などなかっただろう。むろん、たしかな史料で裏付けられるものではなく、単なる創作に過ぎない。

†家康の饗応事件

光秀の信長に対する怨恨の理由については、光秀が徳川家康の饗応《きょうおう》の接待役を務めた際の逸話が有名である。天正十年（一五八二）、信長は武田氏を滅亡した労をねぎらうため、徳川家康を安土城に招いて饗応することになった。家康はその働きによって、駿河国を与えられていた。同年五月十五日、家康は駿河拝領のお礼を申し述べるため、武田勝頼を裏切った穴山梅雪《あなやまばいせつ》（信君《のぶただ》）を伴って、信長のいる安土城に参上したのである。家康の接待役を任されたのが、光秀である。以下、『川角太閤記』をもとに、そのときの状況を再現しておこう。

家康の一行は、光秀の屋敷を宿とした。信長は光秀の屋敷に足を運び、宴会に供される肴の準備状況を確かめようとした。しかし、初夏の頃であり、生魚が傷んでいたのか、すでに悪臭が門前に漂っていた。驚いた信長は台所へ飛んでいき、これでは家康のもてなしができないと激昂し、堀秀政の屋敷に宿を変えさせたのである。体面を失った光秀は、用意した料理を器ごと堀に廃棄したので、安土城下一帯に悪臭が漂ったという。

諸書によると、信長は光秀が準備した料理を琵琶湖に投げ捨てさせたとか、信長の命を受けた小姓の森蘭丸が鉄扇《てっせん》で光秀の額を割ったとか、さまざまなエピソードが残っている。結局、光秀は家康の接待役を辞めさせられ、おまけに羽柴（豊臣）秀吉の援軍として、中国方面への出陣を命じられた。立場をなくした光秀は、信長を深く恨んだというのである。この話は『川角太閤記』などの二次史料に記されたものであり、現在では否定的な見解が多い。以下、信頼できる史料で改めて確認してみよう。

徳川家康

同年五月十二日、光秀は家康をもてなすため、奈良の興福寺などに調度品の貸し出しを依頼し、それらは安土城に運ばれていた（『多聞院日記』）。

光秀は準備に奔走しており、かなり念入りだったようである。『信長公記』にも「京都・堺にて珍物をととのえ」とあり、家康のもてなしには最大限の配慮が見られる。結果、家康の饗応は無事に終わった（『兼見卿記』）。もし、光秀の失態が事実ならば、せめて『信長公記』くらいには記述があるはずである。それすらもないうえに、話があまりに荒唐無稽である。

だいたい門前に悪臭が漂っているのだから、光秀が気付かずとも、周囲の人間が知らせるはずである。秀吉の援軍を命じられたのは、光秀が失態を演じたからではなく、備中高松城（岡山市北区）の攻防が大詰めとなった秀吉の援軍要請に応じて、信長が命じたものである。したがって、家康を饗応すべく、信長から接待係を命じられた光秀に準備の手抜かりがあり、信長から激しい折檻を受けたという説は、質の劣る史料に記されたことであり信用できない。

ただ、このときに信長と光秀との間に何らかのトラブルがあった点については、フロイスの『日本史』に「これらの催し事（家康の饗応）の準備について、信長はある密室において明智（光秀）と語っていたが、元来、逆上しやすく、自らの命令に対して反対（の意見）を言われることに堪えられない性質であったので、人々が語るところによれば、彼（信長）の好みに合わぬ要件で、明智（光秀）が言葉を返すと、信長は立ち上がり、怒りをこめ、一度か二度、明智（光秀）を足蹴にしたということである」と書かれている。

家康の饗応をめぐって、信長と光秀が密室で話をしていたところ、信長の気に入らない話題が出て、そのことに光秀が口ごたえをした。すると、信長は逆上して、光秀を一、二度足蹴にしたというのである。信長がどういう話題で立腹し、光秀を足蹴にしたのかは不明である。なお、この話はフロイスが直接見たのではなく、「人々が語るところによれば」とあるように、伝聞だったことに注意すべきである。

光秀の饗応事件については、多くの二次史料が雄弁に物語っているが、一次史料では裏付けが取れない。いずれにしても、信長はこの時点で光秀に特別な悪感情を抱いておらず、羽柴（豊臣）秀吉の援軍として、中国方面への出陣を命じている。もし、信長が光秀を気に入っていないならば、そういう命令を与えず、佐久間信盛らのように追放などの厳しい処罰を科しただろう。したがって、『日本史』の記述については、慎重な検討が必要である。

†光秀による家臣の引き抜き

『日本史』に書かれた「彼（信長）の好みに合わぬ要件」については、桐野作人氏が興味深い指摘を行った（桐野：二〇〇七）。それは『稲葉家譜』に書かれた、光秀が稲葉一鉄の家臣・那《な》波直治《わなおはる》を引き抜いたという一件である。光秀は以前にも稲葉家から斎藤利三を引き抜いており、これが二度目だった。斎藤利三を光秀が召し抱えた件は、少し補足しておきたい。

先述のとおり、利三はもともと曾根城（岐阜県大垣市）主の稲葉一鉄の家臣だったが、一鉄のもとを去り、光秀に仕えることになった。元亀元年（一五七〇）のことである（『稲葉家譜』）。ところが、一鉄はこの件を承服せず、信長に訴え出た。信長は一鉄の主張を認め、光秀に利三を返すよう命じたが、光秀は聞き入れなかった。怒り心頭の信長は光秀の髻《もとどり》を摑んで突き飛ばし、手討ちにしようとしたが、光秀は辛うじて難を逃れたという。

これには異説がある。以下、『続武者物語』に載せる逸話である。激怒した信長は光秀の額を敷居に擦り付けて折檻したところ、光秀は月代《さかやき》から血を流しながら、「光秀が三十万石もの大禄を拝領し、さらに優秀な侍（斎藤利三）を引き抜いたのは、主君である信長のためであって、私利私欲のためではない」と弁明した。光秀の答えを聞いた信長は、脇差を指していたら成敗するところだが、丸腰なので許したと伝わる。にわかに信じがたい説である。

そうした背景のもと、事件は起った。天正十年（一五八二）五月、那波直治が稲葉家を離れて光秀に仕官した。稲葉一鉄は家臣の引き抜きが二度目だったので激怒し、光秀と信長に直治の返還を訴えたのである。訴えを聞いた信長は光秀に命じて、直治を稲葉家に返還させ、利三には自害を命じた。しかし、このときは信長配下の猪子《いのこ》高就《たかなり》のとりなしがあったので、利三は何とか助命されて光秀に仕えることになったのである。

とはいえ、信長は光秀が法に背いたことに怒り、光秀を呼び出して頭を二、三度叩いた。光秀は頭が薄かったので、常に付髪（カツラのようなもの）をしていた。それが打ち落とされたので、光秀は信長の仕打ちを深く恨んだという。本能寺の変の根本の原因は、ここにあると『稲葉家譜』は記す。結局、直治は美濃に帰り、元のとおり稲葉家に仕えた。このとき、堀秀政は稲葉貞通（一鉄）に書状を送った。『稲葉家譜』には、天正十年に比定される、五月二十七日付で堀秀政が稲葉一鉄と那波直治に送った書状が記載されており、直治の稲葉家への帰参を信長が裁定したことが記されている。文中には「もっとも の由、御掟に候」とあるように、それは戦国社会における一般的なルールだった。

戦国家法を見ると、家臣が新しい主人に仕える場合は、旧主の許可をあらかじめ取っておかなくてはならないと規定していることがある。それは、信長独自の決まりではなく、当時の一般的な決まりごとである。天正十年に比定される、五月二十七日付の直治宛の秀政書状には、「筋目として重ねてご支配の由承り候」とあるが、この「筋目」とはまさしく右のルールということになろう。光秀の付髪事件の記述は、書状の写しではなく、『稲葉家譜』の地の文（説明や叙述の部分）に書かれている。桐野氏は光秀の付髪事件について、『稲葉家譜』に収録された堀秀政の書状写しは信頼できるとしながら、それに関連する叙述は信頼できないと評価するのはいささか矛盾すると指摘している（桐野：二〇〇七）。

家譜などの編纂物中の文書は、史料批判をしたうえで、内容に問題がなければ積極的に利用すべきだろう。しかし、地の文については、執筆（編纂）意図や執筆者の思いが反映されていることが多く、利用に際しては注意が必要である。『稲葉家譜』に限らず、家譜類は自分の家を顕彰する傾向が強いので、ユニークな逸話に関しては、少なからず割り引いて考える必要があろう。このケースで言えば、光秀を貶める意図があった可能性がある。

『稲葉家譜』に収録された秀政の書状は信頼できると考えられるが、そこに書かれているのは「直治の稲葉家帰参を信長が裁定した」という事実のみで、光秀の付髪の一件には何も触れられていない。桐野氏は、「とくに信長が光秀の頭を叩いたら付髪が落ちたという一節などは、いかにも見てきたような虚説とするか、あるいはリアリティは細部に宿るとみるか、評価が分かれるところではある」と指摘している。

光秀の付髪の一件は、荒唐無稽な逸話であり、とても信用できないと私は考える。信長が光秀に折檻を加えたという話は、すでにいくつもの編纂物で確認できる。そうした逸話を光秀が利三や直治を召し抱えた件につなげた、単なる創作に過ぎないように思える。さらに『稲葉家譜』では、光秀の付髪の一件が「本能寺の変の根本の原因である」とするが、そこまで明快に断言するのも不自然である。家譜などの地の文は、現代の歴史学のように科学的かつ公正・公平な態度で史料に基づき書かれているとは限らない。文書が掲載されているということは、地の文の正しさを証明することにはならないので、安易に信用してはいけない。

†四国政策の転換

話は相前後するが、天正九年（一五八一）頃から、信長の四国政策（長宗我部元親に四国は切り取り自由と許可したこと）が大きく転換した。天正九年（天正六、七、八年と諸説ある）に比定される六月十二日付の信長書状は、長宗我部親泰《ちかやす》（元親の実弟）に送ったものであるが、その内容は光秀の立場を悪くする原因となったという（「香宗我部家伝証文」）。信長の書状には、いったい何が書かれていたのであろうか。

書状の内容とは阿波支配にかかわるもので、元親の指導のもと、三好式部少輔《しきぶのしょう》との共同支配を長宗我部氏に命じたものである。史料中の三好式部少輔に関しては実名など不明であるが、阿波の三好氏一族であることは疑いない。文末は「猶《なお》三好山城守申すべく候也」と結ばれているので、取次は光秀ではなく、三好康長（書状は康慶と署名）に変更されたことが判明する。

信長書状には三好康長の副状もあり、ほぼ同内容のことが伝えられている（「古証文」）。三好康長の研究を行った諏訪勝則氏や天野忠幸氏が指摘するように、康長の初名「康慶」とは三好長慶の「慶」字を取り、三好本宗家の後継者たろうとしたと考えられる（諏訪、天野：二〇一二）。弱体化著しかった康長は、三好家の復権を願っていたのだろう。

この史料の内容では、元親が三好式部少輔との共同支配を命じられたことに加え、光秀から康長に取次が変更されたことも重要だった。元親はこの信長の申し出に対して、当初は「四国は切り取り次第」といわれていたが、三好式部少輔との共同支配に格下げとなったので、約束を反故にされて不満を持ったと指摘されている。一方、康長にとっては、実質的に元親の阿波領有を認めたような形でもあり、複雑な心境であったであろうとする。元親にとっても康長にとっても、信長の命令に不満が残ったと推測されている。

改めて信長の書状を読んでみると、三好式部少輔が信長に対して別心がないこと、そして元親に対して阿波方面での協力を依頼しているように思える。康長の副状では、三好式部少輔が若輩であること、さらに近年忩劇《そうげき》（騒乱状態）だったことから無力であり、諸事において元親に指南を希《ねが》うと結ばれている。信長は上から目線で要求しているのではなく、三好式部少輔を支援してやってほしいと懇願しているように思える。それは、元親と三好式部少輔との阿波の共同支配ではなく、元親による三好式部少輔への支援である。

何よりも重要なことは、これまで信長と元親との取次を務めた明智光秀が更迭《こうてつ》され、三好康長が代わりに任じられたという点である。従来説では元親が光秀の更迭という人事に反発し、信長と断交して叛旗を翻したという。ただ、元親が反発したという裏付け史料がないので、あくまで推測に過ぎない。むろん光秀も、取次を更迭されたという危機感を募らせたということになるが、本当に更迭されたのか検討する必要がある。

この時点で、光秀は取次の立場から更迭されたと考えられているが、特にそのことを明示した史料はない。天正九年（一五八一）の光秀は、八月に因幡《いなば》の鳥取城（鳥取市）攻めに援軍として出陣したり、丹後を拝領した細川藤孝とともに検地に従事していた。また、大和郡山城《こおりやまじょう》（奈良県大和郡山市）の修築を巡検するなど、畿内や山陰方面を奔走していた。光秀がほかの仕事で各地を奔走していたならば、取次の更迭というよりも、単なる交代と考えることも可能である。焦点が阿波にあるならば、土地勘や地縁・血縁のある康長のほうが向いているだろう。

元親が信長に叛旗を翻した理由として用いられた史料が、編纂物の『元親記』や『南海通記』である。「四国の儀は元親手柄次第に切り取り候へ」と記されているのは、先述のとおり『元親記』である。承認に際しては信長の朱印が与えられたというが、その朱印に違約があり、信長は元親に対して伊予・讃岐を収公し、阿波南郡半国を本国である土佐に加えて与えると伝えた。元親は約束に違えるうえに、四国は自身の軍事行動で獲得したものなので、大いに不満を持ったといわれている。この一件により、元親は信長に叛旗を翻したというのである。以上の点について、もう少し詳しく私見を述べておくこととしたい。

†四国切り取り自由は事実か

もともと三好康長は信長の配下にあって、河内国支配に携わった。しかし、一族である十河存保は、天正六年（一五七八）一月に「反信長派」を標榜して堺から阿波へと渡海し、康長も追うようにして渡海した。右の事情を考慮すると、康長は河内支配を任されていたが、実際には阿波が元親によって平定されなかったので、信長によって渡海を命じられたのではないだろうか。両者に不満が残る措置をしても、信長には何のメリットもない。

先に、信長は元親に「四国の儀は元親手柄次第に切り取り候へ」と述べたことを記したが、これは『元親記』という二次史料に書かれたことなので信が置けない。このような約束が交わされたこと自体を疑問視せざるを得ない。信長がこのような約束をした例はほかになく、同盟関係を結ぶことはあっても、安易に四国切り取り自由を認めるとは思えないのである。そもそも信長は元親に対して、「四国の儀は元親手柄次第に切り取り候へ」ということを言っていない可能性を考慮すべきではないか（この点は後述）。

三好式部少輔の一件については、元親に対してサポートを依頼しただけであって、取次が光秀から康長に代わったことも、康長の土地勘や地縁・血縁などに期待するところがあったと思われる。つまり、康長が副状を発給したのは、阿波・讃岐をめぐる攻防戦で、光秀より現地に詳しくふさわしいと考えられたからであろう。自然に考えるならば、取次交代の件も含めて、あらかじめ康長も元親も了解済みではなかったのかと考えざるを得ない。

天正六年一月以降、阿波・讃岐では存保が「反信長」を旗印に決起していたため、三好康長、長宗我部元親は信長の配下として、掃討戦に従事していた。別に、康長と元親の二人を敵対関係とみなす必要はない。その後になっても、光秀が信長から不利な状況に追い込まれたわけではない。光秀の国替（信長の国家構想）の可能性についても、後述するとおり疑問点が多々残る。

重要なことは、阿波や讃岐がすぐに平定されたわけではなく、元親の力をもってしても意外なほど苦戦を強いられていたことである。それは畿内周辺で奔走する光秀では対処できなかったので、康長に交代して挽回しようとしたのではないか。ところで、信長と元親が決裂したことを示す証左として、いくつかの史料が提示されている。それらはいずれも、元親が毛利氏などの勢力と結んだことを示す内容のものである。それらの史料の解釈が妥当なのか否かについて、次に関係史料を検討しておきたい。

†元親と毛利氏との連携

天正九年（一五八一）七月、元親は伊予の金子元宅《もといえ》に起請文を捧げ同盟を結んだ（「金子文書」）。もともと金子氏は、伊予国宇摩郡・新居郡に本拠を持つ石川氏の配下にあったが、石川氏の勢力の弱体化とともに台頭してきた。これ以前から元親は伊予河野氏を攻撃しており、河野氏を支援していたのが毛利氏であった。宇摩郡・新居《にい》郡の両郡のうち、宇摩郡は阿波、讃岐、土佐の三カ国に接しているので、元親は金子氏と同盟を結んだと推測される。元親が金子氏と同盟を結んだことは、ことさら反信長的な行動に結びつける必要はない。

ここで重要なのが、天正九年八月頃から元親と毛利氏が結託したという説である。先述した同年六月の措置（三好式部少輔との阿波共同支配と取次が光秀から康長に交代したこと）に対抗する手段であると指摘されている。その事実を示す史料には年次が付されておらず、年次比定が困難なため諸説ある。この時点で元親が毛利氏と結んだならば、信長への敵対行為になろう。以下、「乃美文書」と「個人蔵文書」を取り上げて考証するが、年次は仮に天正九年として検討を進める。年次比定については、あとで取り上げることにしたい。

同年八月、元親は讃岐国天霧城《あまぎりじょう》（香川県善通寺市）に居た、小早川氏配下の乃美宗勝に書状を送り、同盟関係を結んだ（「乃美文書」）。天霧城は香川信景《のぶかげ》が城主だったが、三好氏や長宗我部氏の攻撃により、苦境に追い込まれていた。信景は天正七年九月に元親と同盟を構築していたので、右の長宗我部氏と毛利氏との同盟が実現したという。信景は「信」字を信長から与えられたので、もともとは信長の配下だった。また、元親は信景に次男・親政《ちかまさ》（親和《ちかかず》）を養子に送り込み、香川家の家督を継がせようとしていた。

同じく天正九年八月、元親は紀伊雑賀《さいか》衆の賀太乗慶に書状を送った（「個人蔵文書」）。内容は船奉行としての賀太乗慶の役割や廻船に関わるものであり、土佐国中を廻船することに奉行として留めることがないと伝えており、土佐国中での通行権を認めたことになる。この史料には「上意」という言葉があり、将軍・足利義昭を指しているのは疑いない。義昭は毛利氏の庇護下にあり、雑賀衆とも通じていたので、元親は毛利氏と連携していたことが考えられる。結論として、この史料は元親と毛利氏の同盟関係を示すものとして理解される。

✝天正九年説の根拠

以上の二つの史料が天正九年に比定された理由は、①天正八年(一五八〇)八月以前では、元親が信長に属していたので成り立たないこと、②天正十年八月以降では、毛利氏が信長の後継者である秀吉と和睦を結んでいるので成り立たないこと、の二つの理由があり、必然的に年次は天正九年が妥当と考えられたのである。

加えて、これまでの研究では、天正九年九月以降、信長は秀吉に対して長宗我部氏の討伐を命じたとされてきた。元親が毛利氏と結んで、反信長の動きを示したという先の二つの史料に基づくものである。秀吉が長宗我部討伐に向かった根拠史料は、「黒田家文書」や『黒田家譜』である。それらの史料によると、秀吉配下の黒田孝高が淡路・阿波領国へ侵攻し、交戦して勝利を得た結果、秀吉は淡路と阿波東部から讃岐東部にかけての地域を支配下に収めたと指摘されている。

ここで特に注目したいのは、②の理由である。天正十年六月、本能寺の変で信長が謀殺されると、備中高松城（岡山市北区）に在陣していた秀吉は、すぐに和睦して京都へ帰還した。その後、秀吉は山崎の戦いで光秀を打ち破った。同年六月に毛利氏が秀吉と和睦をしたのだから、たしかに同年八月に元親が毛利氏と同盟を結ぶのは不可解に思える。毛利氏が秀吉と和睦を結んだのは事実であるが、第一の条件は清水宗治が切腹して備中高松城を開城することだった。領土画定問題は事実上棚上げとなり、その後の交渉に委ねられた。この時点で、毛利氏が完全に秀吉に屈したとは言い切れず、事態は流動的だった可能性は高い。以上の点を考慮すれば、元親と毛利氏が天正十年八月に水面下で密かに通じ合ったとしても何ら不思議はない。

†天正十年説の登場

天正九年（一五八一）の出来事とされてきた秀吉による淡路・阿波などへの攻撃については、京都橘大学の尾下成敏《おしたしげとし》氏が史料（「黒田家文書」）の年次比定に着目し、疑義を提示した（尾下：二〇〇九）。尾下氏は、『黒田家譜』に記されている天正九年九月以降の淡路・阿波出兵の記事については、誤りであり信頼できないと指摘している。そのうえで秀吉が黒田孝高に宛てた書状五点について、当該期の政治情勢などを子細に検討した結果、一連の史料の年次は天正九年ではなく、天正十年が妥当であることを明らかにした。

本能寺の変の直後、長宗我部方の菅達長《かんみちなが》が秀吉の影響下にある淡路に攻め込み、これが長宗我部氏と秀吉との関係につながったという。天正十年八月、長宗我部氏は中富川の戦いで三好勢を降し、翌月にはこの頃に織田方の配下に加わった十河存保が、勝端城《しょうずいじょう》（徳島県藍住町《あいずみ》）を捨てて讃岐に退いていた。秀吉は阿波の諸勢力を救援し、支配下に組み入れるため、同年八月に黒田孝高らを淡路・阿波に派遣した。

史料の年次比定は諸説あるが（藤井：二〇一四など）、尾下説が妥当ではないかと考える。『黒田家譜』は、黒田氏の正史であるとして「正しい」とされてきたが、編纂物なので限界もある。記述内容はもとより、それぞれの出来事の年次比定の誤りも散見される。したがって、天正九年七月〜十月の間において、秀吉の淡路・阿波侵攻がなかったとなると、この時点で信長と元親との対立は少なくとも考え難いといえる。天正十年六月十七日、足利義昭は香宗我部親泰に御内書を送り、元親が輝元とよく相談して上洛の手助けをするように依頼している（「香宗我部家伝証文」）。信長の死の一報を聞いた義昭は、なりふり構わず元親に支援をしているが、これは元親と敵対関係にあった毛利氏も了解してのことだろう。

元親が毛利氏と結んだのが天正十年になると、先に提示した「乃美文書」と「個人蔵文書」の年次は、天正十年である可能性が高い。以上の検証を踏まえて、天正十年二月からの信長による四国出兵を取り上げることにしたい。

†信孝の四国出兵

天正十年（一五八二）一月十一日、光秀の家臣・斎藤利三が長宗我部氏配下の空然《くうねん》（石谷光政）に書状を送った（「石谷家文書」）。書状の内容を確認しておこう。利三は元親の依頼事項について、信長が返事の朱印状を発給しており、その後のことについては、信長の朱印状に従うことがもっともであると述べている。追伸の部分では、信長の御朱印の趣は元親のためであると書かれ、以後も光秀が元親を疎略にすることはないとある。

信長の朱印状は残っていないが、それは先述した『元親記』に書かれたもので、信長が元親に対して伊予・讃岐を収公し、阿波南郡半国に本国である土佐を加えて与えるということだと考えられている。「石谷家文書」の記述によって、『元親記』に書かれたことの蓋然性は高くなった。また、少なくともこの時点において、光秀が長宗我部氏との取次を担当していたことが判明した。光秀は、完全に更迭されていなかったのである。同年二月九日、三好康長は信長から四国出兵を命じられ、同年五月十一日に信長の三男・信孝が四国渡海の船を準備させた（『信長公記』）。この前段階で、康長は信孝を養子としたが、信長がそのようにしたのは、阿波に影響力がある康長の協力が不可欠だったこと、加えて信孝に軍功を挙げさせたかったからだろう。

関連して重要なのは、三七郎（信孝）宛の信長の朱印状である（「寺尾菊子氏所蔵文書」）。冒頭の三ヵ条には、①讃岐国は、そなた（信孝）に与える、②阿波国は三好康長に与える、③そのほかの両国（伊予・土佐）は、信長が淡路に出馬した際に決定する、と書かれている。この史料には長宗我部氏の名前がなく、讃岐国は信孝に、阿波国は康長にそれぞれ与えることが決定していた。これまで指摘されているとおり、信長は中国計略に際して、瀬戸内海地域で優位な立場を保ちたかったと考えたに違いない。土佐が挙がっている点から考慮して、長宗我部氏を討伐したあとの四国支配のプランだった。

信長は右に示した三ヵ条を示したうえで、さらに①国人の忠否をただし、用いることのできる者は登用し、追放すべき者は追放し、政道以下を堅く申し付けること、②万端、康長に対して君臣・父母の思いをなし、康長のために奔走して忠節を尽くすこと、という二つの事項を信孝に伝えた。まず②であるが、当時二十五歳だった信孝は実戦経験が少なかったので、養父である康長に従うように促したのだろう。主導権は、あくまで四国（特に阿波）に詳しい康長にあったと考えられる。①は、阿波国人の扱いについて記したものであり、読んだとおり是々非々の態度で臨むということである。

†元親の対応

天正十年五月二十一日、元親は斎藤利三に書状を送った（「石谷家文書」）。元親は信長の朱印状に応じるべく、一宮城、夷山城《えびすやまじょう》（以上、徳島市）、畑山城、牛岐城《うしきじょう》（以上、徳島県阿南市）、仁宇城《にうじょう》（徳島県那賀町）から退き、信長に（関係改善の）披露を願ったようであるが、石谷頼辰は披露は困難であると述べたようである。元親はかなり焦っており、悪事を企てているつもりは毛頭なかったと述べている。

続けて元親は、どのようなことがあっても海部城（徳島県海陽町）、大西城（徳島県三好市）だけは確保したいと述べている。これは阿波や讃岐を競望することを意味するのではなく、あくまで土佐の門（出入口）にあるので、認めてほしいというのである。また、信長が東国平定（武田氏征伐）を成し遂げて帰陣したことはめでたいと称賛するなど、態度が一変している。両者の間の使者を担当したのは、石谷頼辰だった。

元親が利三と頼辰を頼ったのは、取次だった三好康長が攻めてくるのだから、交渉ルートを変えたということになろう。頼辰の父・光政の娘は元親に嫁いでおり、頼辰にとって義理の妹にあたる。頼辰の娘は、元親の嫡男・信親の妻だった。利三が直接、信長に交渉できるとは考えられないので、利三から光秀に元親の言い分が伝えられ、光秀から信長に交渉ということになろう。しかし、元親の言い分は、最終的に受け入れられなかった。

同年六月一日、信孝は四国進発に際し、阿波の篠原自遁《じとん》に書状を送った。内容は阿波国が騒動になっているようなので、制札を遣わすというものである（『阿波国徴古雑抄』）。制札とは禁制のことを意味しており、一般的には進駐した軍隊が現地の寺社や村落における乱妨行為を禁止したものである。信孝が進軍する前から騒擾状態になっているとなると、かなり状況が悪化していた様子がうかがえる。

自遁は反長宗我部派だったので、信孝の阿波渡海を歓迎していた。信孝らが長宗我部氏討伐に向かおうとしたのは、間違いないといえよう。信長は元親の懇願にもかかわらず、攻撃の手をまったく緩めようとしなかったのである。光秀は長宗我部氏の取次を更迭され、面目を失ったとされてきたが、この段階で光秀のルートがまだ生きていたならば、決して光秀は信長から見捨てられていなかったと考えるべきだろう。光秀が長宗我部氏との取次を交代したことは、信長に叛旗を翻した理由にはならないと考えられる。

大きな疑問は、光秀には信長という主君がいながら、命をかけてまで長宗我部氏に肩入れする必要があったのかということである。光秀の配下の石谷頼辰は元親と血縁関係があったものの、光秀とは血縁関係がない。これまでの研究のなかで、光秀と元親の関係を運命共同体のごとく捉え、信長と元親との関係が悪化したことにより、光秀の立場が悪くなったとされてきたが、素直に考えると疑問であるといわざるを得ない。

秀吉と光秀の対立構図

次に、秀吉と光秀の対立構図について考えてみたい。光秀が秀吉と対立していたという重要な論拠の一つは、先述した天正九年（一五八一）以降における、秀吉の阿波・淡路の侵攻だった。これまでは光秀が更迭されたあと、代わりに秀吉が長宗我部討伐に参画したとされ、ライバル秀吉の台頭と光秀の零落の象徴とされてきた。ところが、先述した尾下成敏氏の研究によって、関連する「黒田家文書」の年次比定が天正十年に修正されたため、その根拠を失ったといえる。むろん、この頃の秀吉が中国方面で大きな成果を挙げたのは事実であるが、それは決して光秀の立場を悪くしたことにはならないのではないだろうか。

もう一つ秀吉が台頭したとする根拠になったのが、天正九年三月までに康長が秀次（秀吉の甥《おい》）を養子に迎えたという藤田達生氏の説である（藤田：二〇一〇など）。秀次とは、のちに秀吉の養子となって、関白に就任した人物である。秀次を媒介として康長と結んだ秀吉は、四国に勢力を伸ばす有利な材料にしたと指摘されている。康長が秀次を養子に迎えたことにより、ライバルの秀吉が一気に台頭し、さらに光秀を追い詰めたというのである。この点については、どのように考えればよいのか検討しよう。

実は、秀次が養子に入った時期については、藤田氏の天正九年三月以前という説以外にも、いくつかの説が提示されている。秀次の康長への養子入りの時期を子細に検討した諏訪勝則氏は、天正十年六月二日の本能寺の変以降から同年十月二十二日までの間、という説を提示した（諏訪：二〇一二）。諏訪氏の説には、妥当性があると考える。桐野作人氏も藤田氏の説に従えないとし、さらに一歩進めて検討を行った（桐野：二〇〇七）。これまで秀次が宮部継潤の養子であったことは知られていたが、あまり良質な史料で確認することができなかった。しかし近年になって、堀越祐一氏が、秀次が継潤の養子であったことを示す天正九年五月二十一日付の秀次発給文書の紹介を行った（堀越：二〇一六）。

豊臣秀吉

この論文のなかで、秀次は信孝と入れ替わって、康長の養子になったと指摘する。このほうが自然で理解しやすい。秀次が康長の養子になったのは、少なくとも本能寺の変以降ということになろう。そうなると、秀吉が甥の秀次を養子として康長に送り込み、三好氏を支援する形で四国に勢力を築こうとしたという指摘はあたらないことになる。これまでの説では、信長の四国政策変更とともに、秀吉と光秀との競合関係から、光秀の立場は悪くなったと指摘されてきた。しかし、そうした事実が認められないとなると、従来説には疑問を呈さなくてはならない。

もう少し考えなくてはならないのは、この頃の光秀が立場的にも、心理的にも追い詰められていたのかということである。ここまで、いくつもの光秀が追い詰められたという出来事を取り上げたが、特にそうした傾向は見られない。もっとも有力視された、長宗我部氏の取次からの更迭（実際は交代）についても、大きく影響したとは考えられない。また、ライバル秀吉が台頭したことにより、光秀が焦りを感じたというのも、説得力を持たないと思う。

光秀が信長とのかかわりのなかで、将来に不安を抱いたという説がある。その根拠は、光秀が信長から近江・丹波を取り上げられ、石見《いわみ》・出雲に移される予定だったことである。光秀は順調に出世を遂げ、天正元年（一五七三）に近江国志賀郡を与えられ、天正七年には丹波平定を成し遂げ、丹波一国を与えられた。近江も丹波も京都に近く、重要な地域であった。

一方の石見・出雲は中央から遠く離れており、しかも半ば実力で支配を命じられる始末だった。というのも、当時の両国は毛利氏の支配領域にあり、とても円滑に支配できる状況にはなく、その難しさは容易に想像される。このような仕打ちを受けた光秀は左遷されたと思い、不安を感じたというのである。この話は『明智軍記』に記されているが、同書は質の低い二次史料と指摘されており、光秀が石見などへ移される話は否定的な見解が多数を占める。光秀の将来に対する不安説は、成り立ち難いようである。

信長の「近国掌握構想」

フロイスの『日本史』には、信長が直轄領・一門領の拡大を企図していた記述を確認できる。信長は畿内およびその周囲に直轄領・一門領を設定し、信忠に尾張など六カ国、信雄に伊勢など二カ国、信孝に四国の四カ国を与えるつもりだったという。信長は、東海から中部地方、四国を完全に掌握しようとしていた。信長研究の大家である谷口克広氏は、信長の「近国掌握構想」について、信長は居城の安土城がある近江を中心として、近国を直轄領・一門領だけでなく、若手の側近を登用して配置する計画だったという（谷口：二〇〇七）。菅屋《すがや》長頼《ながより》は前田利家《としいえ》の代わりに越前府中を、堀秀政は秀吉の代わりに近江長浜を与える予定だった（結局は実行されず）。桐野作人氏は、秀吉の近江長浜が対象ならば、光秀の近江坂本や丹波ですら危うかったのではないかと指摘する（桐野：二〇〇七）。

このように信長の若手の側近が大名に登用され、畿内各地に配置されると、必然的に光秀のようなベテランにシワ寄せが来る。同じ重臣のなかでも、勝家は越前を領有して七年が経過していた。秀吉は播磨・但馬を領有して二年が経過し、すでに姫路城（兵庫県姫路市）を居城としていた。光秀は近江坂本、丹波を収公される危険性があり、勝家や秀吉とは条件が違っていたので、「近国掌握構想」は光秀に不利になったという。つまり、織田権力の根幹部分において、「近国掌握構想」は深刻な軋轢《あつれき》を引き起こす可能性があったと指摘する。

谷口氏の「近国掌握構想」のうち、菅屋長頼が前田利家の代わりに越前を与えられることは、たしかに約束されていたが（「尊経閣文庫所蔵文書」）、堀秀政が秀吉の代わりに近江長浜を与えられたことは、『寛政重修諸家譜』に書かれたことで信が置けない。この二例をもって、根拠とするのにはいささか従い難い。天正八年（一五八〇）九月、中川清秀は信長から中国地方の二カ国を与えられる予定だったが（「中川家文書」）、これは実現していない。信長の意図がよくわからないところである。

元亀年間以降、有力な武将に対しては、近江に所領が与えられていた。谷口氏は、柴田勝家、丹羽長秀が移封により近江を離れ、天正八年に佐久間信盛が追放されたことを重視する。秀吉と光秀も近江の一部を領していたが、すでに方面司令官、大名になっているので、やがて近江は信長に収公される予定だったという。そして、信長は近江を自ら支配し、その近国をも掌握する構想だったと指摘する。

信長の「近国掌握構想」にはさらに検討の余地はあるが、仮に正しいとしても、なぜ光秀が窮地に陥るのかは説明不足である。光秀が外様でかつ比較的新参であるとはいえ、ほとんど落度は見られず、本能寺の変の直前まで重要な場面で起用されていた。ましてや「近国掌握構想」における、光秀の処遇に関しては想像の域を出ておらず、何らかの史料的な根拠があるわけではない。信長の「近国掌握構想」により、光秀の立場が危うくなるという説は、十分な根拠が必要ではないだろうか。

†信長の三職推任問題

光秀が信長に謀叛を起こした理由として、朝廷が黒幕だったという説がある。その根拠として挙げられるのが、信長の三職推任《さんしきすいにん》問題と暦の問題である。最初に、信長の三職推任問題を取り上げることにしよう。天正十年（一五八二）四月二十五日、朝廷は信長に対して、関白・太政大臣・将軍のいずれかに推任しようと申し出を行った（『天正十年夏記』）。公家・武家のもっとも重要な職を三つも挙げている事実は、以前から研究者が注目するところだった。これこそが、信長の三職推任問題の発端なのである。

正親町の皇太子である誠仁《さねひと》親王は、いずれかへの任官を信長に熱心に勧めた。誠仁親王は、「どのような官にも任じることができる」ことを信長に伝えたほどである（「畠山記念館所蔵文書」）。ちなみに、信長は誠仁親王に「二条新御所」を献上するなど、良好な関係を築いたといわれている。これまで三職推任は朝廷が信長に申し出たというのが定説だったが、信長が強制したものだったという説が提起された。これが朝廷黒幕説の根拠となった。

戦国史家の立花京子氏は、三職推任の一連の経過を記した勧修寺晴豊の『天正十年夏記』の「被（助詞の「らる」）」の用法を検討した結果、三職推任を持ち出したのは、信長配下の村井貞勝であると指摘した（立花：二〇〇四）。ただし、その後の研究によって、立花氏がいう「被（助詞の「らる」）」の用法に疑問が提示され、この説も否定された（堀：二〇一一）。問題になるのは、信長がどの官職を希望していたのかという点である。以下、個々の官位について考えてみよう。

将軍職は、もっとも有力だろう。足利義昭は鞆（広島県福山市）に退いたとはいえ、朝廷から将軍職を解任されたわけではなかった。形式的に義昭は現職の将軍であり、信長を任官させることは難しかったかもしれない。信長を将軍にするならば、義昭の将軍職を解いてから、就けることになる。朝廷にとっては面倒な手続きが必要であるが、敢えて将軍職を提示したのは、後述のとおり準備があったからだろう。

太政大臣に関しては、天正十年五月に近衛前久が太政大臣の職を辞していることが確認できる（『公卿補任』）。前久の辞任は、信長が太政大臣に任官を想定しての措置であったと指摘されている。たしかに可能性はあるかもしれないが、単なる偶然の一致かもしれず、十分な史料的裏付けが乏しいと言わざるを得ない。関白については、これまで五摂家（近衛家・九条家・二条家・一条家・鷹司《たかつかさ》家）にのみ任官が許されてきたので、現実問題として難しいと考えるべきかもしれない。天正十三年に豊臣秀吉が関白に就任するが、それは関白相論（近衛信輔と二条昭実の間での関白職の争い）というどさくさに紛れての結果だった。

三職推任問題の解決の糸口になるのが、『天正十年夏記』の記述である。信長方との交渉に臨んだ勧修寺晴豊は、「関東討ちはたされ珍重候間、将軍ニなさるへきよし」と回答している。この時点で、信長は甲斐の武田勝頼を天目山（山梨県甲州市）で滅ぼしていたので、武家の棟梁としてふさわしいと思われる、将軍に任じるのが妥当であると考えたのであろう。つまり、朝廷の意向は将軍職だった。

実際、信長は天下を平定した際に官位を授かってもよいと述べていた。これは源頼朝が鎌倉幕府を開いたあと、征夷大将軍に就任した先例にならったものと指摘されている。信長の発言や過去の事例を見る限りでは、信長が将軍を授かってもよいと考えた可能性は高いといえる。おそらく朝廷も信長の意向をいずれかの時点で知り、信長に将軍職を与える予定だったのだろう。しかし、信長が朝廷からの「将軍」という提案を受け入れる意思があったのかは見解が分かれ、将軍職を受ける気は最初からなかったという論者もいる。

その後、この問題はどうなったのだろうか。信長は正親町天皇と誠仁親王に返書を送り、晴豊も村井貞勝の邸宅を訪れ、信長からの返事を聞いたことは確認できる。ただし、残念なことに、信長が三つの官職の中からどれを選択したのか、あるいは三つとも拒否したのか、『天正十年夏記』には信長の回答が書かれていない。肝心の回答が書かれていないので、信長がどの官職を受けるつもりであったのか、論争となったのである。

†信長は官職が欲しかったのか

次に、私見を述べておこう。信長は朝廷の支援を熱心に行ったが、それは高い官途を得ることが目的ではなかった。逆に言えば、支援を受けた朝廷が、信長に気を遣って官職を与えようとしているように思える。信長は太政大臣、関白、将軍のいずれに就任しても、それは形式的な問題で、全国支配を有利に進める材料にならないことを知っていた。

足利義昭は将軍だったが、実力がなかったので、ほとんどの大名が見向きもしなかった。信長は、そのことを実感していたのではないだろうか。秀吉は関白に就任したが、薩摩の島津氏も小田原の北条氏も容易に服することはなかった。強いて言うならば、信長は武田氏の討伐後ではなく、晴れて全国を平定したときには、何らかの職を希望したのかもしれない。信長の官職への認識は、その程度のものではなかったのだろうか。

信長の全国平定は私利私欲のためでなく、「天下のため」という大義名分があった。そのためには、天皇の権威というものを最大限に尊重する必要があり、自己の権力と直接結び付けることに重要な意味があった。朝廷への積極的な支援は、天下静謐に止まらず、そのような意味があったように思える。信長は官職に積極的な意義を見出さず、武家の棟梁《とうりょう》のシンボルである将軍職ですら、さほど意味がなかったのである。したがって、信長は天皇・朝廷から三職推任という申し出に対し、そのいずれも断ったというのが事実だったのではないかと思う。

†暦問題について

朝廷黒幕説の根拠となった有力な出来事としては、暦の問題がある。暦は重要な問題でないように思われるが、暦の決定権は朝廷が掌握していたので、そこに信長が介入することは、重大なことだったのである。信長が朝廷に要求したのは、宣明暦《せんみょうれき》を三島暦に変更することだった。

一説によると、本来は天皇の掌中にあった「時の支配」を信長が掌握し、正確な暦法の確立を目指したという指摘がなされている。これを簡単にいえば、信長が天皇の権限の一つを奪取しようとしたことになる。天正十年（一五八二）一月、信長は陰陽頭・土御門久脩《ひさなが》が作成した宣明暦（京暦）を取り止めるよう申し入れ、尾張国など関東方面で使用していた三島暦の採用を要望した（『晴豊記』など）。土御門家は、暦の作成に従事する家柄である。信長の要望は異例なことでもあり、信長が朝廷を圧迫した事例として捉えられた。それゆえ、朝廷は信長を排除すべく、光秀と殺害を画策したというのである。

宣明暦とは中国から伝来した暦法のことで、日本には貞観元年（八五九）に伝来した。以来、宣明暦は江戸時代の貞享元年（一六八四）までの八百年間も利用された。ところが、宣明暦には重大な欠陥があり、日食や月食の記載があっても、実際には起こらなかったことがたびたびあったという。宣明暦は不正確な暦だった理由もあり、貞享元年以降は渋川春海《しぶかわはるみ》が作成した貞享暦が用いられるようになったのである。

宣明暦では天正十一年（一五八三）正月が閏月に設定されていたが、三島暦では天正十年十二月が閏月だった。信長は三島暦に合わせて、天正十年十二月を閏月にするよう要望したのである。天正十年二月、信長の要望を検討した結果、その要望を受け入れず、当初の宣明暦のとおり天正十一年正月に閏月を定めることにした（『天正十年夏記』）。信長の要望は受け入れられなかったが、その後、強硬な姿勢や態度で再び申し入れたことはない。いったんは、納得して受け入れたのである。

ところが、本能寺の変の前日の天正十年六月一日、再び信長は、この問題を蒸し返したのである。公家衆が信長の滞在する本能寺を訪れた際、信長は公家衆に対し、再び宣明暦から三島暦に変更するよう要望した。なぜ、信長が再び要望したのか、明確な理由は記されていない。要望した理由は長らく謎だったが、桐野作人氏が新しい説を提示している（桐野：二〇〇七）。次に、提示しておこう。

信長が宣明暦から三島暦に変更するよう要望した理由は、宣明暦が六月一日の日食を予測できなかったからだった。では、信長はいかなる理由により、日食を把握できなくなったことを問題視したのだろうか。前近代は現代のように十分に科学が進んでおらず、日食や月食という現象は不吉なものと考えられていた。朝廷では日食や月食が起こった際には、日食や月食の不吉な光から天皇を守るため、御所を筵で覆うようにしていたという。日食や月食の光か不吉というのは迷信に違いないが、当時の人々は非常に恐れていたのである。

同年六月一日、信長は日食を確認したので、宣明暦の不正確さを再認識し、三島暦の方が正確であると改めて思ったのである。つまり、信長が宣明暦から三島暦に変更するよう強く迫ったのは、不吉な光から天皇を守るためだった。信長はその点を憂いて、訪問してきた公家衆に要望したのである。信長は自身が慣れ親しんだ三島暦を用いるよう、公家衆に強要したのではなく、あくまで天皇の身を案じたということが本旨だったと考えられている。

これまでの信長の天皇・朝廷対策を考慮すると、信長が三島暦を提案した理由は天皇の身を案じたという説が主流となった。信長は「天皇を守りたい」という親切心で、三島暦の採用を進言した可能性が高いのである。決して、信長は朝廷から暦を作る権利を奪おうとしたのではなかった。

†日食は予報されていた

右の指摘については、最近の研究によって疑義が提示されている。東京大学史料編纂所の遠藤珠紀氏の研究を整理すると、次のようになろう（遠藤：二〇一四）。

①信長が要求したのは「三島暦」ではなく、美濃尾張の暦者が作成した暦であり、彼らは伊豆三島社の配下の者ではなかった。

②地方暦が流布することで、朝廷の暦と地方暦との間で、閏月の有無、七曜、節季、月の大小などで誤差が生じた。

③天正十年は暦を作成するにあたって、閏月の設定などで複雑な調整が必要だった。

④地方暦は官暦である宣明暦を無視しておらず、むしろベースにしていた。

以上の指摘を勘案すれば、そもそも信長が要求したのが三島暦ではなく、美濃尾張で使われていた暦で、しかもそれらがまったく独自に作られたものでないことがわかる。それら地方暦も宣明暦を参照したうえで、作成されていた。もっとも重要な指摘は、近衛家に残った天正十年の暦（『後陽成院宸記《ごようぜいいんしんき》』紙背）には、六月一日に日食になることを予報していたことである。朝廷では日食が予報されていたので、祈禱が行われた（天理図書館「諸社祠官伝授之案」）。宣明暦が日食の日を正しく予報していたならば、先の指摘は当たらないことになる。

遠藤氏は信長の考えは不明としつつも、この頃に各地の大名が暦の統一を図っていたことなどから、信長は支配地域における暦の統一の必要性を感じており、それゆえ身近な尾張の暦を提案したのではないかと考える。そして、ことさら信長と朝廷の問題へと収斂させる必要はないとも指摘する。したがって、暦の問題については、議論が二転三転したものの、信長の朝廷へのそれまでの対応ぶり、暦が抱える統一性の問題を考慮すれば、いずれにしても朝廷への圧迫と捉える必要はなさそうである。

†「朝廷黒幕説」は成り立つか

以上、信長が朝廷を逼迫したという説を確認してきた。「朝廷黒幕説」とは、朝廷が信長の逼迫に危機感を感じ、陰で光秀を操って謀叛を起こさせたという説である。言うまでもないが、朝廷が光秀に謀叛を指示したという一次史料はない。

かつての研究では信長が中世的なものを打破し、近世への道筋を切り開いた人物と考えられ、「革新的な人物」という評価が与えられた。その打破すべき存在の一つが朝廷だった。「信長ならば皇位を脅かそうとしたに違いない」という、考え方が多少なりともあったと推測される。古くは信長が勤皇家だったという説が提起されたが、それに対するアンチ・テーゼといえるかもしれない。

信長と正親町天皇との関係は、対立関係とする説と良好な関係とする説が拮抗してきた。しかし、対立関係を唱える研究者すべてが、それを本能寺の変に絡めて「朝廷黒幕説」を主張しているわけではなく、信長権力を検討するなかで、対朝廷政策について論じたものである。また、かつては「朝廷黒幕説」を主張した研究者のなかにも、のちに撤回した例がある。

信長が革新者であるという評価については、近年見直しが進んでおり、信長は「中世的なもの」の伝統的支配と共存しながら、権力を形成してきたといえる。楽市楽座などの政策も信長独自のものではなく、以前に近江六角氏が行っていたことが指摘されている。意外なほど信長は保守的であり、天皇に対する奉仕も怠らなかった。

したがって、信長が天皇を圧迫し、両者が対立していたという考え方は、現状ではすっかり鳴りを潜めている。「朝廷黒幕説」を唱えた立花京子氏の論は、推論に推論を重ねた論理の飛躍であり、信頼度の落ちる二次史料を用いるなど、多くの問題を抱えている。決定的な一次史料が出現するか、蓋然性の高い議論を展開しない限り、「朝廷黒幕説」は成り立ち難いであろう。それは、ほかの論者も同じである。

このように朝廷黒幕説は、誠に興味深い説ではあるが、そもそも信長と朝廷が対立しているという点から考えても成り立ち難いのである。

†信長、上洛する

さまざまなことがあったが、いよいよ天正十年六月の本能寺の変を迎える。天正十年五月、中国計略で備中高松城（岡山市北区）に出陣中の羽柴（豊臣）秀吉から信長に援軍の要請があった。それは毛利氏の軍勢が輝元自らの出陣を計画しており、危機的な状況にあるというのである。救援を求める秀吉の報告に対して、信長は自ら出陣を決意した。信長が上洛したのは、そういう背景があったのである。

信長は中国計略を本格化すべく、安土城（滋賀県近江八幡市）で出陣の準備を整えた。諸将が出陣準備のために国に帰ることを許可し、光秀も安土城から坂本（滋賀県大津市）へ戻り、出陣の準備を行ったのである。天正十年五月二十一日、信長の嫡男・信忠が出陣準備のため上洛し、妙覚寺（京都市上京区）に入った（『言経卿記』）。徳川家康も一緒だった。

同年五月二十九日早朝、信長は中国出陣に備え、激しい雨が降るなかで安土城を出発して上洛した。安土城は、蒲生賢秀《がもうかたひで》らの家臣が留守を預かった。信長に随行したのは、わずか二、三十人ほどの馬廻衆・小姓衆だったという（『信長公記』）。なぜわずかな人数なのかは不明であるが、途中で敵対勢力から襲撃されることを考えなかったのだろうか。

実は、五月二十一日に信忠が上洛した際、多くの馬廻衆が付き従っていた。それゆえに、信長のお供の数が少なかった可能性がある。おそらく信長は、この時点において明らかに光秀が謀叛を起こすなどと思っていなかったに違いない。そうでなければ、少人数で上洛することはなかったはずである。この点は、信長に油断や隙があったといえば、そのように言えるだろう。信長は信忠とともに、三男・信孝の四国攻めを監視・指揮する予定だったと考えられる(「寺尾菊子氏所蔵文書」)。

†運命の本能寺へ

信長が上洛すると、大いに歓待を受けた。京都の公家たちや吉田神社(京都市左京区)の神官・吉田兼見は、山科(京都市山科区)まで出迎えに参上した(『兼見卿記』)。しかし、森蘭丸の使者の「お迎えは無用」との言葉を聞くと、公家衆らは出迎えることなく引き返した。このあと、信長が本能寺に入ったのは、午後四時頃のことである。ここで、本能寺について触れておこう。

現在、法華宗本門流の大本山・本能寺は、京都市中京区下本能寺町に所在する。もともと本能寺は応永二十二年(一四一五)に日隆により五条坊門(京都市下京区)に創建され、当初は「本応寺」と号していた。永享五年(一四三三)、六角大宮(京都市中京区)へ移転し、名称を本能寺に改めたが、天文五年(一五三六)の天文・法華の乱(京都の町衆を中心とする法華宗徒によって起こされた一揆）ですべてを焼失した。本能寺が四条西洞院一帯に敷地を与えられ、再建されたのは天文十四年（一五四五）のことである。

信長の本来の京都屋敷である二条御新造は、本能寺の変の三年前の天正七年（一五七九）に誠仁親王（正親町天皇の子息）に提供していた。そこで、翌天正八年二月、信長は新しい宿所を本能寺に定め、住んでいた寺僧らに退去を命じ、京都所司代・村井貞勝に御殿などを造営させたのである。その際、堀、土居、石垣、厩を築くなど、防御面にも気を遣ったという。

上洛後における信長は、精力的に活動した。安土城出発の翌日の五月三十日になると、本能寺に滞在する信長に対して、多くの公家たちに加え、町人や僧侶たちが数多く表敬訪問した。ところが、信長は彼らからの進物は事前に断っており、山科言経は信長に贈った進物を返却されたという（『言経卿記』）。公家衆の出迎えの件もそうであるが、信長が彼らと一定の距離を置いていたのは興味深いが、その理由はよくわからない。

信長は実に上機嫌で公家衆らと歓談し、三月の武田氏討伐の一件や、これから行われる中国計略のことを話したという。特に、中国計略の出陣日は六月四日に定めており、まもなく毛利氏が制圧されることを得意満面に語った（『天正十年夏記』）。信長の中国計略を成功させようとする強い遺志が感じられ、よもや光秀から襲撃されるなどとは、微塵も思わなかったであろう。暦の問題もこのときの話題だったが、すでに述べたので繰り返さない。

上洛後の信長は忙しい時間を過ごしていたが、わずかな手勢しかいなかったことについては、光秀に報告されていた可能性が高い。光秀は亀山城に向かう途中であっても、信長との連絡を欠かすことがないように、使者が派遣されていたであろう。携帯電話やインターネットのかわりに、さまざまな方法で情報を入手していたのである。次に、本能寺の変直前における、光秀の動向を確認しておきたい。

✝光秀の動きと『愛宕百韻』

天正十年(一五八二)五月以降の光秀の動きを取り上げておこう。同年五月十四日、武田氏討伐後の徳川家康の饗応が執り行われた。『信長公記』や『兼見卿記』によると、料理は京都や堺から珍しいものを取り寄せており、贅を尽くしたものであった。光秀は、羽柴(豊臣)秀吉を支援すべく出陣した。五月二十六日、光秀は坂本から亀山に移動し、翌二十七日には愛宕山(京都市右京区)に登った。中国計略を目前にした光秀は、ここで戦勝祈願をしたのである。愛宕山は軍神としての勝軍地蔵が武将の崇敬を集めており、火除けの神としても知られていた。神前に額づいた光秀は、二、三度籤《くじ》を引いたといわれている。武将が戦勝を祈願して、寺社を参ることは当然のことだった。その日、光秀は愛宕山に一泊した。

同年五月二十八日、光秀は連歌会を坊舎・西坊威徳院で興行した。これが有名な『愛宕百韻』である。このとき光秀は、連歌で名高い里村紹巴《さとむらじようは》ら名立たる面々に交じって、有名な「ときは今《いま》あめが下知《したし》る五月哉《さつきかな》」という発句を詠んだ。この発句は「とき＝土岐」と解釈され、土岐氏の支族である明智氏が「あめが下」つまり天下を獲ることを織り込んでいると解釈され、謀叛の意を表明したとされてきた。本能寺の変が勃発したのは、六月二日のことなので、数日前に意思表示をしていたというのである。

光秀が土岐氏の庶流・明智氏の出自であるか否かは、第二章で触れたとおり、今のところ論証されていない。したがって、通説的な位置を占める、右の説を安易に鵜呑みできないと考える。和歌や連歌が本歌取り（すぐれた古歌や詩の語句、発想、趣向などを意識的に取り入れる表現技巧）や掛詞（同じ音に二つの意味を兼ね持たせること）など、さまざまな技法を駆使して作品を作るとはいえ、あまりに深読みしすぎである。

決定的なことは、わざわざ「これから謀叛を起こしますよ」というメッセージをこの場で披露する必要があったのか、ということである。ごく常識的に考えると、不要なことと考えざるを得ない。下手をすれば、情報が信長に筒抜けになる。常識的な話としても、到底考え難いことである。では、いかに考えるべきか。

ごくオーソドックスな見解であるが、これは光秀が中国に出陣する際の出陣連歌と捉えるべきだろう。光秀はかねてから里村紹巴と交流があったので、紹巴らにも光秀の戦勝を祈願する思いがあったと考えられる。愛宕で連歌会を終えた光秀は、その日のうちに居城のある亀山に帰還した。

†『愛宕百韻』をめぐる諸説

『愛宕百韻』は、光秀が中国に出陣する際の出陣連歌であると結論付けたが、戦国史家の小和田哲男氏は本能寺へと出陣する際の出陣連歌であると指摘する（小和田：一九九八）。光秀が堂々と「これから信長を討ちに行きます」と高らかに宣言することは、非常にリスクが高く、この説は支持できない。光秀の発句に独自の解釈を施した歴史作家の津田三郎氏は、この発句に中国や日本の古典の知識がいかんなく発揮されていると指摘した（津田：一九九四）。以下、要点をまとめておこう。

①「とき」に「土岐」が掛詞として重ねられているのは、『太平記』の土岐氏に関する記述から首肯できる。

②「天の下知る」を「土岐氏が天下を取る」という考えは誤りで、主語は土岐氏ではなく天皇とすべきである。

③②の理由は、五月にある。以仁王、後鳥羽院が横暴な武士を倒すべく決起したのは五月である。

④紹巴は朝廷の使者として、連歌興行に参加していた。

こうして導き出された結論は、朝廷の意向を受けた源氏（光秀。土岐氏は清和源氏）が平氏（信長）を討つことを表明したということである。ここまで古典の知識をフル活用したのは、教養人たる光秀ならではといえる、という。朝廷黒幕説に源平交代説を絡めているが、とても支持できる説ではない。

そもそも一瞬のうちにその場で古典のさまざまな場面が脳裏を駆け巡り、信長討伐などの意思表明ができるのであろうか。極めて疑問に感じざるを得ない。紹巴が朝廷から派遣されたならば、口止めも可能かもしれないが、派遣されたという裏付け史料がないのである。常識の問題として、仮に紹巴の口を封じたとしても、ほかのメンバーが裏切ることもありうるので、堂々と信長討伐を連歌会で表明しないだろう。光秀の出自が土岐氏であることも論証されていないので、①も成り立ち難いと考える。

津田氏の解釈は古典の知識を駆使したものであるが、右に示した③のようなこじつけに等しい解釈、④の紹巴は朝廷の使者として連歌興行に参加していたという裏付けのない説を持ち出すなど、かなり無理をして結論を導き出したように思える。光秀の発句に織り込まれた語句を古典に求めるならば、同じ語句を用いたものはたくさんあり、いくらでもこじつけることが可能ではないだろうか。

つまり、常識的に考えても光秀が謀反の意を連歌会で堂々と披露するとは考えられず、これは信長の命を受けた中国への出兵を前にして、単に出陣の連歌会を催したにすぎないだろう。

第八章

光秀の最期

†本能寺の変後の光秀

第一章に続けて、光秀のその後の動きを探ることにしよう。

本能寺の変後、光秀が取り掛かったのは、信長と信忠の遺体の確認、そして信長方の兵卒の追尾であった（落人狩り）。光秀の心境になれば、信長と信忠が何らかの方法で脱出した可能性もあるので、遺体が見つかるまでは安心できなかったはずだ。しかし、結局のところ信長と信忠の遺体は、ついに確認できなかった。焼死体になってしまえば、現代のような科学的な手法を用いない限り、信長の遺骸を確定するのは困難だったろう。光秀には、いささかの不安が残ったかもしれない。

織田方の落人狩りもかなり丹念に行われた(『信長公記』『言経卿記』)。とにかく、京都市中における織田方の勢力を断ちたかったのは疑いない。明智軍は京都市中の落人狩りを実行し、織田方の部将を見つけると殺害し、光秀のもとにその首を差し出した。当時、落人狩りの慣行があったので、明智軍以外の者が捕らえることもあっただろう。死体は京都市街に打ち捨てられ、光秀の面前には首が山のように積み上げられたという。

本能寺の変が勃発したことによって、洛中は不安と動揺で満ち溢れていたが、光秀は探索の手を緩めることはなかった。この状況に不安を隠しきれない本能寺や二条御所付近の都市民は、大挙して御所に押し寄せた(『天正十年夏記』)。御所は安全地帯であると認識されていたからで、人々は御所内に小屋を作り、難を逃れようとしたのである。光秀はこの動きを察知したのか、京都市中を焼き払うことはないと宣言し、明智軍が人々に危害を加えたら、これを殺害するとまで明言した。その後、いったん光秀は居城のある坂本(滋賀県大津市)へと戻り、摂津方面の動きを警戒して、勝竜寺城(京都府長岡京市)に三沢秀次を置いた。

†織田方の諸将の動向

光秀は信長を討伐したものの、いつまでも勝利の余韻に浸っている時間はなかった。光秀には政権構想があったという論者もいるが、とても「ポスト信長」の政権構想や政策があったとは考えられない。政権構想のうちの一つには、光秀による室町幕府の再興もあろう。この点は後述するとして、その後の光秀の動きを確認することにしよう。

光秀が急がねばならない理由は、次の二点に集約されよう。まず、第一に光秀の味方となる勢力を募り、いち早く臨戦態勢を整えなくてはならなかった。第二に、信長に代わる権力者として、取り急ぎ京都支配を円滑に進める必要があった。次に、各地で戦っていた信長配下の勢力が本能寺の変の前後にどのような状況だったのか、示しておこう。

①北陸――柴田勝家を筆頭にして、佐々成政《さっさなりまさ》、前田利家、佐久間盛政《もりまさ》が加賀、能登、越中の平定に臨んでいた。六月三日には、越中・魚津城（富山県魚津市）を陥落させた。

②中国――羽柴秀吉が備中高松城（岡山県北区）を攻囲しており、変の前後は和睦に腐心していた。

③関東――滝川一益が上野・厩橋《うまやばし》（群馬県前橋市）に滞在していた。

④四国――天正十年（一五八二）五月二十九日の時点で、織田信孝以下、丹羽長秀、蜂屋頼隆、津田信澄が摂津・住吉（大阪市住吉区）およびその周辺で待機しており、同年六月三日に四国渡海の予定であった。

⑤摂津――中国方面の救援に向うべく、中川清秀《きよひで》、高山重友《しげとも》（右近《うこん》）らが待機していた。

このような各部将の配置を考えると、光秀が摂津方面に備えたたというのは、ある意味で妥当であったのかもしれない。北陸、中国、関東方面の帰還は、早々には難しかったと考えられるからである。家康は堺（大阪府堺市）で茶の湯三昧であったが、信長横死の一報を聞き、ほうほうの体で逃げ出した（神君伊賀越《しんくんいがご》え）。

安土城では、信長横死の悲報が届くと大混乱に陥った。ここで、活躍したのが蒲生賢秀である。賢秀は織田家の者たちを引き連れると、自身の居城である日野城（滋賀県日野市）へと向った。この直後、光秀が安土城に入城すると、残された金銀を惜しみなく、将兵たちに与えている。そして、光秀は付き従った近江の国衆たちに命じ、長浜城（滋賀県長浜市）など近江の諸城を次々と落城させ、いち早く近江を配下に収めた。

本能寺の変を四日経過しても、毛利氏は正しい状況をつかんでいなかった。同年六月六日付の小早川隆景の書状によると、「京都のこと、去る一日に信長父子が討ち果て、同じく二日に大坂で信孝が殺害されました。津田信澄、明智光秀、柴田勝家が策略により討ち果たしたとのことです」とある（『萩藩閥閲録』）。信長が殺されたのは未明なので一日でよいとしても、信孝が殺害されたというのは明らかに誤報である。光秀の勢力に津田信澄や柴田勝家が加わっているのもおかしい。ほかにも、別所重棟が叛旗を翻して光秀に与し、丹波、播磨の牢人衆と三木城（兵庫県三木市）に籠ったという、根も葉もない誤った情報も毛利方に伝わっていた（『三原浅野家文書」)。このような情報の錯綜《さくそう》は小早川氏だけでなく、各地であったに違いない。

光秀の偽文書

光秀は各地に味方を募るべく、書状を送った。本能寺の変後に光秀に付き従ったのは、旧若狭守護の武田元明と同じく旧近江半国守護の京極高次《たかつぐ》らであった。二人は名門の出自ではあるが、すでに凋落していた感は否めなかった。ともに復活を期して、光秀に与したと考えられるが、味方としては大した力にならなかったような印象が強い。ただし、武田元明は丹羽長秀の佐和山城(滋賀県彦根市)を、京極高次は羽柴秀吉の長浜城(滋賀県長浜市)をそれぞれ占拠していたのである。

天正十年(一五八二)六月二日、光秀は美濃の西尾光教《みつのり》に対して、味方になるように誘い入れた(『武家事紀』)。書状の冒頭には、「父子悪逆天下之妨討果候」とある。父子とは、信長・信忠親子のことである。「天下之妨」とは、あくまで信長討伐を正当化する文言であり、討伐する大義名分があると示したかったのである。ただし、この冒頭部分は、あまりに表現が露骨すぎて偽文書の疑いがなきにしもあらずである。というのも、光秀が発したという味方を募った文書(ほぼ写しの文書)には、明らかな偽文書があるからだ。いずれにしても、西尾光教は光秀の誘いには応じなかった。

同年同日、光秀は小早川隆景に書状を送った（『別本川角太閤記』所収文書）。内容は毛利、小早川、吉川の三家が備中高松城で秀吉に抵抗していることは長く伝えられるべきであること、光秀が信長を討ち果たして本懐を遂げたことなどが記されている、しかし、文体はとても当時のものとは思えず、明らかな偽文書である。同じく同年同日、光秀は毛利輝元に書状を送った（『松雲公採集遺編類纂』）。内容は悪逆無道の信長を光秀が討ち果たしたこと、秀吉については毛利氏が討ち果たすべきこと、そして義昭が急ぎ上洛できるよう力を尽くしてほしいことが書かれている。こちらも信長に悪逆無道と過激な文言を使っており、ほかにも表現や文体に疑義が認められるなど、明らかな偽文書であるといわざるをえない。

ほかの諸大名は、どのような対応をしたのだろうか。

光秀が味方の一人にと考えていたのは、大和の筒井順慶であり、ともに親しい間柄であったと指摘されている。同年六月四日、順慶は光秀のために京都に援軍を派遣したが、その態度は実にあいまいだった。その後、順慶は光秀に援軍を派遣したり、呼び戻したりしていたが、ついに大和の与力衆から血判の起請文を取り、羽柴（豊臣）秀吉に誓書を送った（『多聞院日記』）。いかに順慶が光秀と仲が良かったとはいえ、自らの命がかかっている。冷静に情勢を判断した結果、順慶は秀吉に与することを決意したのである。

ただし、これは順慶一人の判断ではなかった。順慶と大和の与力衆との関係は、信長によって規定されていた。大和の与力衆は、あくまで信長の命令によって順慶に属したに過ぎない。そのような事情から、信長が亡くなった以上、順慶は改めて大和の与力衆に意向を問わなくてはならなかった。その結論は秀吉に与することであり、ゆえに順慶は代表して秀吉に誓書を送ったのである（片山：二〇一八）。従来の順慶が優柔不断とされた「洞ヶ峠《ほらがとうげ》の日和見《ひよりみ》」は、単なる俗説にすぎない。

順慶は秀吉方に与してしまったが、光秀には頼りになる存在があった。その人物こそ、細川藤孝である。藤孝の嫡男・忠興は、光秀の娘・お玉（細川ガラシャ）を妻として迎えていた。婚姻関係は、互いの同盟を誓ったものである。こうした関係から、光秀は間違いなく味方してくれると思ったに違いない。

筒井順慶

†藤孝と光秀

同年六月九日、光秀は三カ条から成る覚書を送った（「細川家文書」）。内容を確認しておこう。

①藤孝・忠興父子が髻を切ったことに対して、光秀は最初腹を立てていたが、改めて二人に重臣の派遣を依頼したので、親しく交わって

欲しいこと。
②藤孝・忠興父子には内々に摂津国を与えようと考えて、上洛を待っていた。ただし、若狭を希望するならば、同じように扱う。遠慮なくすぐに申し出て欲しいこと。
③私（光秀）が不慮の儀（本能寺の変における信長謀殺）を行ったのは、忠興を取り立てるためで、それ以外に理由はない。五十日百日の内には、近国の支配をしっかりと固め、それ以後は十五郎と忠興にあとのことを託し、自分（光秀）は政治に関与しない。
谷口克広氏が指摘するように、文章はほとんど哀願《あいがん》に近いものである（谷口：二〇〇七）。藤田達生氏は、「光秀は藤孝に事前にクーデター計画を伝えていたこと、クーデター直後の混乱を終息させた後、子息や娘婿に政権運営を託して隠居する予定だった」との見解を提示している（藤田：二〇一〇）。この点はいかに考えるべきであろうか。①は藤孝父子が光秀からの誘いを断って髻を切ったものか、光秀縁者であることを憚って、あえてこのような行動に出たのかは判然としない。しかし、光秀に与しない意思表示であることはたしかである。②は光秀がいかなる手を用いても、藤孝らを味方にしたいという気持ちのあらわれであろう。所領の付与は、何よりも大きな手段であった。とにかく光秀の「味方になってほしい」という強いメッセージを読み取ることができる。

問題は、③である。史料の冒頭に「不慮の儀」とあるように、本能寺の変は計画的なものではなく、光秀のとっさの行動であったことを裏付けている。信長を討った以上は仕方がないので、光秀は一連の行動は娘婿の忠興のためであったと話をすりかえ、畿内を平定のうえは政治から退き、十五郎と忠興にあとのことを任せると言い訳をしているのである。追い込まれた光秀は、何が何でも藤孝・忠興父子を味方に引き入れなくてはならなかった。光秀には政権構想や政策もなく、変後にあたふたとしている様子がうかがえる。

最終的に、光秀がもっとも頼りにしていた人々は、誰も味方にならなかった。ほかの大名たちの対応については史料が残っていないが、だいたい想像がつくことであろう。光秀が準備周到ならば、ここまで至らなかったはずである。したがって、光秀は本能寺の変を起こし、信長を討伐することに成功したものの、具体的な構想や展望はなかったと考えられる。それは、次に示すその後の行動を見ても明らかである。

†光秀と朝廷

光秀は諸将との交渉はうまくいかなかったが、朝廷との関係は円滑だったようである。しばらく光秀は安土城に滞在していたが、天正十年六月七日に勅使が光秀のもとに派遣された。勅使を務めたのは光秀と親しい吉田兼見であり、訪ねた理由は京都が未だ本能寺の変で騒乱状態にあるので、鎮静に尽力して欲しいというものだった（『兼見卿記』）。

光秀は早々に上洛して正親町天皇と誠仁親王に謁見し、歓談に及んだという。朝廷が兼見を勅使に起用したのは、光秀との強い関係を考慮してであろう。誠仁は光秀との面会のなかで、京都の支配を任せる意向を示した。光秀は京都市中の経営の実績もあり、信長の後継者にふさわしい人物だったからである。

同年六月九日、再び光秀は上洛の途につくと、往時の信長のごとく摂関家など公家衆から出迎えられた。光秀は兼見の邸宅に入ると、天皇・皇太子へ銀子五百枚を献上し、大徳寺(京都市北区)や京都五山には銀子百枚、そして兼見にも銀子五十枚を献上した。京都を押さえるべく、天皇や皇太子、そして大徳寺や京都五山に献金をしたのは、今後の京都市中の経営を円滑に進めるためであろう。朝廷や寺社への奉仕は欠かせなかった。

朝廷が京都市中の支配を光秀に任せたのは、信頼していたからであろうか。同月九日夜、兼和(兼見)は銀子五百枚を携えて皇太子に持参した際、兼見は皇太子からの礼状を託されている。その後、礼状は兼見から光秀のもとに持参されたが、内容は京都の治安回復を早急に進めて欲しいというものだった(『兼見卿記』など)。これは、別に光秀が信頼されたという意味ではなく、単に謀叛を起こして信長が死んだため、必然的に光秀が京都の治安維持に責任を負う立場になったからだった。別に光秀でなくてもよかったのだが、現実には光秀を頼らざるを得なかったという事情があった。

光秀の政権構想あるいは将来的な展望は、なかなか見えてこない。摂政・関白の地位に就くとか、将軍になるなどは、とりあえず思考の範囲外であったと考えられる。とりあえず、可能な限り味方を集め、これから起こるであろう信長配下の諸将との戦闘に備え、軍事力の強化を図りたかったのは間違いない。同時に考えたのは、天皇を推戴して京都支配を円滑に進めることで、自らの威勢を伸長させることぐらいだろうか。おそらく、一万余という光秀単独の軍事力では、各方面から押し寄せる軍勢に対抗しきれない可能性が大きかった。

一方、諸将の動きも迅速ではなく、即座に光秀の謀叛に対応できなかった。むろん、遠隔地の場合は情報伝達の問題もあっただろう。この状況下で的確な意思決定を行ったのが、羽柴（豊臣）秀吉だった。秀吉は備中高松城（岡山市北区）で毛利氏と対峙していたが、すばやく和平を結ぶと、光秀討伐のため上洛の途についたのである。それは、「中国大返し」と称されている。以下、経過を確認しておこう。

†秀吉の中国大返し

天正十年（一五八二）六月三日夜、備中高松城（岡山市北区）で水攻め中の秀吉のもとに使者が書状を届けた。書状には、前日の二日に信長が本能寺で光秀の奇襲を受け、自害したと記されていた。ここからの秀吉の行動は迅速で、光秀打倒を決意すると、毛利氏との和睦交渉を開始した。秀吉方との交渉を任されたのは、毛利氏の使僧・安国寺恵瓊で、三日深夜から四日にかけての時間帯だったと推測される。秀吉が示した和睦の条件は、もともと毛利氏に割譲を要求していた備中・備後・美作・伯耆《ほうき》・出雲に代えて、備中・美作・伯耆の放棄を要求するものだった。秀吉も早く交渉を進めるため、かなり譲歩をしたのである。加えて、城主の清水宗治《むねはる》の切腹も要求していた。実は交渉の際、毛利方は信長の死を知らなかった。

恵瓊は和睦案の提示を受けると、宗治に切腹するように説得し、説き伏せることに成功した。もっとも重要な領土割譲問題は棚上げし、和睦交渉を何とか終えたのである。和睦が締結されると、秀吉は湖に浮かんだ備中高松城に小舟を送り、宗治とその家臣を本陣に招き入れた。そして、秀吉は宗治に最後の酒と肴を贈るとともに杯を酌み交わし、宗治は舞を舞った後、辞世の句を詠んで自刃したのである。領土割譲問題が解決したのは、翌年のことだった。

同年六月四日の午前十時頃、秀吉は上洛に向けて準備を整えた。秀吉は備中高松城に腹心の杉原家次を置くと、京都に向けて出陣した。秀吉の取った経路は、野殿《のどの》（岡山市北区）を経て、宇喜多《うきた》氏の居城である沼城《ぬま》（岡山市東区）へ向かう、直線距離にして約二十二キロメートルのコースだった。備中高松城から沼城を経て姫路城に至る、秀吉の行軍の実態には多くの謎があり、最大の謎が尋常ならざるスピードである。ここからの経過に関しては、一次史料と編纂物との間に大きな相違が見られる。以下、その点を確認することにしよう。

中国大返しの行程は史料によって諸説あるが、小瀬甫庵の手になる『甫庵太閤記』によると、その行程は次のようになる。

①六月六日　備中高松城を引き払い、沼城に移動。洪水により七日まで逗留。

②六月八日　沼城から姫路城に移動。その日は兵卒の休養に充てる。

③六月九日　未明、姫路を出発。

③以降については問題ないが、①と②は一次史料と大きな齟齬がある。中でも注目すべきは②の行程で、沼城から姫路城までの距離は、八十数キロメートルに及ぶ。現代の舗装された道のりでも、相当なトレーニングをしていなければ、走破は困難かと思われる。それを当時の狭くて舗装されていない道ながらも、たった一日で成し遂げたというのである。

秀吉の行軍伝説の根拠となる史料としては、同年十月十八日羽柴（豊臣）秀吉書状写（「滋賀県立安土城考古博物館所蔵文書」）がある。その要点の部分は、「六月七日に二十七里（約八十一キロメートル）のところを一昼夜かけて、（備中高松城から）播磨の姫路まで行軍した」という記述である。秀吉自身が「中国大返し」を成し遂げたと言っているのだから、信用するに値すると思われがちである。

この史料は写しであるが、れっきとした一次史料である。書かれたのも本能寺の変から四カ月程度しか経過しておらず、一昼夜で八十一キロメートルを行軍したというのは本当であると考えられている。しかし、この史料は秀吉自らの功があまりに強調されており、事実関係にはあまり信が置けず、中国大返しの行程を誇張・捏造した可能性が高い。また、常識的に考えて、疲労困憊状態の秀吉の軍勢が、マラソンランナーのように八十一キロメートルをわずか一昼夜で駆け抜けるのは不可能である。

†備中高松城から姫路城へ向かう

以下、一次史料で「中国大返し」を検証しよう。天正十年六月五日付秀吉書状「梅林寺文書」(中川清秀宛)によると、六月五日の時点で備中高松城から野殿まで退却し、沼城に向かっていることが確認できる。備中高松城から野殿までは、直線距離で約八キロメートルであり、これなら時間的にも距離的にも問題ない。

同年六月五日、秀吉は野殿で中川氏から書状を受け取った。秀吉軍は同年六月四日午前に清水宗治が切腹したのち、多少兵を休めて四日の午後には備中高松城を出発したと考えられ、野殿から沼城へ向かう途中だった。書状の追伸部分には、野殿において清秀からの書状を見たとあり、同年六月五日中に沼へ行く予定と書かれている。

この書状には、もう一つ重要なメッセージがあった。それは動揺する清秀に対し、信長・信忠父子が近江国へ逃れ、無事であると偽の情報を流したことである。信長が死んだとの情報は、一気に各地へと広がったはずだが、秀吉が光秀を討つには多くの味方が必要であり、信長の生存は重要な条件だった。そこで、あえて嘘をついたのであろう。秀吉は偽の情報を与えることで、清秀の動揺を鎮めようとした。同様の偽の情報は有力大名に対しても、発せられたと考えられる。秀吉は巧みな情報操作により、ことを有利に運ぼうと画策したのである。

野殿から沼城までは、直線距離で約十四キロメートルの道のりであるが、残念なことにいつ沼城に到着したかはわかっていない。しかし、さほど長い距離ではないので、遅くとも六月五日の夕方までには沼城に着いたと考えられる。改めて確認すると、秀吉軍が備中高松城を退去したのは、少なくとも六月四日の午後から夕方にかけてだったと考えられる。毛利軍は信長の死を知ったが、秀吉軍の追撃をあきらめた。高松城から沼城までは約二十二キロメートルの道のりであるが、兵の多くは馬でなく徒歩での行軍だったと考えられる。

秀吉は、いつ沼城を出発したのか。仮に六月五日の昼過ぎに沼城に到着したとなると、同じ日の夕方には出発が可能である。沼城から姫路城までは、直線距離にして約五十五キロメートルである。六月八日付杉若《すぎわか》無心《むしん》書状写（『松井家譜』所収文書）によると、六月六日に秀吉軍が姫路に到着したのは確かなことである。そうなると、六月五日の深夜にいったん休息をとり、六日の早朝には行軍を再開したと考えられる。軍勢は秀吉を先頭として先を急ぎ、縦長に行軍した可能性が高い。秀吉を中心とする軍勢だけでも先に姫路に着いたならば、無理のない行軍

キロメートルほどである。秀吉は播磨国と摂津国辺りで、光秀との交戦を考えていたのかもしれない。当時、光秀が大坂に滞在中の織田信孝を取り囲み、切腹をさせるとの噂が流れていた。しかし、六月十日の段階で実際に光秀がいたのは、現在の京都市伏見区の下鳥羽であり、山崎(京都府大山崎町)周辺にも兵を着陣させていたことが判明している。お互いの腹を探りながら、一進一退の攻防が繰り広げられた。秀吉軍は慎重に行軍させながらも、実際に六月は十日の朝に出発し、同日の夕方に兵庫にまで進んでいた。

それまで慎重であった秀吉軍は、急ピッチで行軍する。六月十日の夜、兵庫に着陣した秀吉は、翌十一日の朝には尼崎に到着していた(「滋賀県立安土城考古博物館所蔵文書」など)。兵庫から尼崎までは、直線距離で約十九キロメートルある。六月十日の夜は兵庫で十分に休息し、翌六月十一日の朝に出発したと考えられ、その日の夕方には尼崎に到着したとみてよい。この間、状況は秀吉が有利に傾きつつあった。光秀は大和国に使者を送り、筒井順慶に応援を求めたが、順慶は拒否した。逆に、順慶は秀吉の味方になったのである。

本能寺の変の翌日、大山崎では早くも光秀から禁制を獲得しており、軍勢の狼藉や陣取・放火そして兵粮米を課すことを禁止した(「離宮八幡宮文書」)。大山崎は光秀を信長に代わる後継者とみなしたが、秀吉の上洛が伝わるとともに、大山崎付近は慌しさを見せる。大山崎は信長の子・信孝を意識せざるを得ず、信孝からも禁制を獲得することで、両勢力による濫妨狼藉を逃れようと考えたのである（「離宮八幡宮文書」）。光秀にとっては、意外であったかもしれない。当時、光秀軍・秀吉軍ともに睨み合いの状況が続いており、どちらが有利なのか判断の下しようがなかった。大山崎にとって苦渋の決断であったと考えられるが、当時、敵対する陣営それぞれから禁制を獲得することはよく見られた現象である。

一方、奈良においては、いったん三河国に戻ったはずの徳川家康が、安土城（滋賀県近江八幡市）に着陣したとの情報が伝わった。畿内各所では、さまざまな噂や情報が流れ、混乱していた。情報が激しく錯綜する中、六月十二日に秀吉軍は尼崎を出発し摂津富田（大阪府高槻市）に着陣した（「金井文書など」）。尼崎から摂津富田までは、約十三キロメートル。今までの長い距離と比較すると、問題にならないほど短い距離である。ここで秀吉は、信孝との合流を待つ。なぜ秀吉は、軍勢を摂津富田に集結させたのか。

富田付近は小高い丘となっており、近くには淀川が流れていた。水運も発達しており、軍事的な拠点として格好の地であった。また、秀吉に味方した高山右近と中川清秀の居城である高《たか》槻《つき》城（大阪府高槻市）や茨木《いばらき》城（大阪府茨木市）とも近く、連携がとりやすいこともある。しかも、摂津富田から大山崎までは約十キロメートルと適度な距離があり、秀吉に有利な条件が揃っていた。絶好の場所だと秀吉は睨んだのである。秀吉は前日の軍議で高山右近を先陣に決定しており、早速大山崎へ陣を取るように命じた。もちろん、大山崎には禁制が発布されており、あからさまな軍事行動は困難であったと考えられる。右近の着陣は混乱を避けるため、大山崎の西国街道筋の公道に沿って行われたと指摘されている。

†光秀の焦り

一方の光秀は、どのような状況にあったのか。光秀は細川幽斎・忠興父子、高山右近、筒井順慶からの助力が得られず、臨勢態勢を整えられなかった。光秀は対朝廷政策に腐心していたため、秀吉軍への対応が遅れたのである。ここに光秀の状況判断の甘さが見られ、焦りはピークに達したと考えられる。高山右近、筒井順慶、細川藤孝・忠興父子らが味方に加わらなかったことは大きな誤算だったが、光秀は悔やんでばかりもいられず、態勢を整えて秀吉軍との対決に臨んだ。

秀吉が摂津富田に着陣した頃から、すでに光秀軍との前哨戦が始まっていた。光秀が駐留していた勝竜寺城（京都府長岡京市）付近では、鉄砲を打ち合っていたことが確認できる。この軍事行動を見る限り、秀吉の遊軍的なものが存在し、背後から光秀を攻撃しようとしたことがうかがえる。

勝竜寺城は細川藤孝の居城であったが、藤孝の丹後国移封後、村井貞勝の与力が守備をしていた。本能寺の変後、光秀はその与力から勝竜寺城を奪ったのである。勝竜寺城は交通の要衝地にあり、現在の京都市内の入口に位置する重要な拠点であったので、光秀は何としても死守しなくてはならなかった。六月十二日夜、摂津富田で一夜を過ごした秀吉軍は、六月十三日の朝に同地を発ち、いよいよ決戦の地・山崎へと向かったのである。

†足利義昭黒幕説について

この間、光秀と足利義昭の動きが活発化するが、二人はこれ以前から連絡を取り合っていたという、足利義昭黒幕説が提唱されている（足利義昭黒幕説とは便宜的な表現である）。足利義昭黒幕説とは、端的に言えば義昭が光秀に命令して、信長を謀殺させたという説になろう。この説の主唱者は藤田達生氏であり、数多くの史料を検証する中で主張された（藤田：二〇一〇など）。ここまで述べてきたとおり、義昭は積極的に有力な諸大名と関わりを持ってきたので、光秀と関係したとしても不思議ではない。しかし、決定的な史料を欠いており、桐野作人氏や谷口克広氏らから批判をされている。以下、足利義昭黒幕説について考えてみよう。

一つ目は、御伽衆《おとぎしゆう》として秀吉に仕えた大村由己《おおむらゆうこ》の手になる『惟任謀叛記』に「惟任（光秀）公儀を奉じて、二万余騎を揃へ、備中に下らずして、密に謀叛を工む。併ながら当座の存念に非ず。年来の逆意、識察する所なり」という記述がある。藤田氏は文中の「公儀」を義昭と捉え、光秀は義昭を擁立して謀叛を起こしたという解釈を示した。しかし、この「公儀」の語については、谷口氏の指摘があるように、義昭ではなく信長を意味すると反論されている。

その後、藤田氏は『惟任謀叛記』のなかでは信長を一貫して「将軍」と表記しており、「公儀」と書いていないと反批判した。信長を「将軍」と記しているにもかかわらず、一カ所だけの「公儀」が信長であるとするのは矛盾するという。つまり、「公儀」は義昭しかいないのだが、「公儀」を義昭にすると文意が取りにくい。藤田氏は「公儀」を義昭とみなして「光秀は、将軍足利義昭を推戴し、二万余騎の軍勢を編成して、備中に向かわずに、密かにクーデターを企てた。（以下略）」と現代語訳している。しかし、軍勢を編成して備中に向かえと命じたのは、信長であり義昭ではないので、「公儀」は信長でないと意味が通じない。

藤田氏が指摘するように、『惟任謀叛記』では一貫して信長を「将軍」と表記しているが、これはあくまで信長個人を意味する。「公儀」は信長個人というよりも、信長の意向ということになろう。つまり、「惟任（光秀）公儀を奉じて」の部分は、正確に言えば「光秀は信長の意を奉じて」と解釈でき、そのほうが意味が通じやすい。谷口氏も信長が公儀と称された史料をいくつも挙げている。信長の意向は、「公儀」のほかに「上意」「下知」が用いられている（渡邊：二〇一九）。

嚙み砕いて『惟任謀叛記』を解釈すれば、「光秀は信長の意を奉じて二万騎の兵を揃えたが、実際には備中に下ることなく、密かに謀叛を企てた」（現代語訳）ということになる。二万騎の兵を集めたのは義昭のためではなく、そもそも信長の命令だったのである。ただ、『惟任謀叛記』は二次史料であり、さほど重要視する必要もないだろう。

†「本法寺文書」の解釈をめぐって

二つ目は、「本法寺文書」の乃美兵部丞宛て天正十年（一五八二）六月十三日付足利義昭御内書をめぐる藤田氏の解釈である。この御内書は「信長を討ち果たしたうえは、上洛の件を進めるよう毛利輝元、小早川隆景に命じたので、いよいよ忠功に励むことが肝要である……」と解釈した。冒頭で示した「信長討果上者」（原文）を「信長を討ち果たしたうえは」と解釈することにより、義昭が光秀に命じて信長を討ち果たしたことと解釈する。

こちらも谷口氏の反論があり、「信長討果上者」（原文）を「信長討ち果つる」と読み、「信長が討ち果たされたうえは」と解釈すべきと指摘する。つまり、義昭が光秀に命じて討たせたというよりも、信長が本能寺の変で横死した情報を得たという解釈になる。そうなると、やはり義昭と光秀との共謀という説は、成り立ち難いと考えられる。

その後、さらに藤田氏の反批判が提出された。天正十年に比定される小早川隆景書状写には、「討果」の語が二回出てくるが、いずれも「討ち果たす」と読むと主張した（『萩藩閥閲録』）。藤田氏は専門家に聞いた意見として、「討」は補語（目的語）を取る他動詞としての用法しか

が肝要です」と解釈する。なお、傍点は次に示す美濃加茂市民ミュージアムのＨＰの解説資料との相違点である。

その後、読み下しについては「仰せのごとくいまだ申通わず候処に、（平出）上意馳走申されるに付いて示し給わり快然に候、然るに（平出）御入洛の事即ち御請申し上げ候、其の意を得られ御馳走肝要に候事」と美濃加茂市民ミュージアムのＨＰの解説資料では改められた（傍点筆者）。解釈も「仰せのように今まで手紙のやりとりがないところでしたが、（雑賀たちが）将軍の味方をするという、（雑賀から）手紙をもらって嬉しく感じます。（将軍の）入洛（京へ入ること）のことを私（光秀）が了解したので、その（私の）気持ちを踏まえて尽力することが大事です」となっている。ただし、読み下しと解釈が誰の手によるものか不明である。

藤田氏と美濃加茂市民ミュージアムのＨＰの解説資料とでは、読み下しに相違がある。現代語訳した解釈については、ともに意味が分かりづらい。

†私見による読み下しと解釈

右に示したとおり、藤田氏と美濃加茂市民ミュージアムのＨＰの解説資料とでは齟齬がある。次に、私見による読み下しと解釈を示す。

〔読み下し文〕

仰せの如く、いまだ申し通ぜず候ところに、（平出）上意馳走申さるに付いて示し給わり、快然に候、然して、（平出）御入洛の事、即ち御請申し上げ候、その意を得られ、御馳走肝要に候事、

〔現代語訳〕

仰せのように、これまで互いに連絡はありませんでしたが、（土橋平尉が）上意（義昭）のために馳走（奔走）するとの申し出を（光秀に）示していただいたので、（光秀が）うれしく思っております。そのようなことなので、（光秀は）義昭の上洛に協力することを即座に承諾しました（あるいは「（義昭の）御入洛のことは、まさに（光秀が）希っている旨を申しました」）。（義昭が上洛するという）意向を踏まえ、（土橋平尉が）馳走することは肝要です。

つまり、光秀は義昭と連絡をするなかで、これまでやりとりがなかった土橋平尉が義昭に協力することを知った。そこで、光秀は土橋平尉に書状を送り、自身も義昭の上洛を望んでいること、義昭が上洛した際は協力してほしいと伝えている。ただし、光秀自身には土橋平尉への動員権がないようで、詳細は義昭から指示があるので従うようにと結んでいる。この時点で光秀が義昭の上洛に協力する意を示したのは事実であるが、本能寺の変以前から義昭と光秀が結託しており、信長を討って室町幕府の再興を目論んでいたことをこの史料から読み取ることは、

不可能であるといわざるを得ない。

†足利義昭黒幕説は成り立つか

続けて、「美濃加茂市民ミュージアム所蔵文書」の追而書の部分を次に掲出する。

尚以、急度御入洛義御馳走肝要候、委細為（闕字）上意、可被仰出候条、不能巨細候、

藤田氏は、この部分の読み下しを「なおもって、急度御入洛の義、御馳走肝要に候、委細（闕字）上意として、仰せ出さるべく候条、巨細あたわず候」と読み下している。美濃加茂市民ミュージアムのHPでは「尚以って急度（もしくは「受衆」）御入洛の儀御馳走肝要に候、委細上意として仰せ出さるべく候条、巨細能わず候」とし、急度を「受衆」と読む可能性を示唆しているが、「受衆」は意味不明で字体もそうとは読めない。

藤田氏はこの部分を「なお、必ず（将軍の）ご入洛のことについては、ご奔走されることが大切です。詳細は上意（将軍）からご命じになられ（る）ということです。委細につきましては、（私からは）申し上げられません」と解釈している（カッコ内は筆者）。つまり、上洛の主体は光秀にはなく、義昭にあったということになろう。以上の点から藤田氏は「本史料からは、

重治が義昭の指示によって行動していること、光秀も既に上洛戦への協力を約束していたことが判明する。義昭の指令を受けて行動していた重治は、光秀と面識がなかったため「味方」であることを申し出たうえで、援軍を出そうとしたのである」と指摘する。

そして、「もし光秀が自ら天下人になるためにクーデターをおこしたのならば、義昭の使者がやってきたとして、すぐにその要求を受け入れることができたであろうか。これらを考慮すると、光秀は変以前に義昭からのアプローチを受けていたとみるのが自然である」と結論付ける。さらに研究上の意義として「光秀が、隙をみせた主君信長を葬って天下人をめざしたのではなく、義昭の帰洛による室町幕府再興のためにクーデターをおこしたことがわかったこと」を指摘している。

結論から言うと、この史料は、光秀が変以前に義昭からのアプローチを受けていたことを示す根拠とはなりえず、光秀が義昭の帰洛による室町幕府再興のためにクーデターを起こした根拠にもならないと考える。義昭は毛利氏の支援を受けながら、上洛して室町幕府再興を願ったが、うまくいかなかった。ところが、信長の横死によって状況は変わった。義昭は上洛を果たすため、毛利氏を元親に結び付けるなど必死だった。当然、反信長派である土橋氏やクーデターに成功した光秀にも書状を送り、味方になるよう依頼した。光秀としては変後の展望がなかったので、義昭が上洛するならば心強かっただろう。

本史料は、本能寺の変後に義昭が反信長派だった土橋氏や光秀を糾合し、上洛を期したことはわかるが、遡って光秀が室町幕府の再興を目指して、クーデターを起こしたことの証拠にはならない。義昭が即座に上洛せず、かえって光秀が上洛を期待しているのだから、事前に協議をしてクーデターを起こしたならば、あまりにお粗末といえるだろう。

†山崎の戦い、はじまる

秀吉軍が摂津富田を出発して山崎に着陣したのは、天正十年（一五八二）六月十三日の昼頃であった。同地で、信孝は秀吉軍と合流している。一方の光秀は下鳥羽（京都市伏見区）を出陣し、天王山と淀川に挟まれた交通の要衝地、山崎で秀吉を迎え撃つことを決定した。すでに六月十二日の段階において、羽柴軍と明智軍の小競り合いがあった（『兼見卿記』）。

光秀が率いる軍勢は、近江衆などの援軍を加えても、約一万三千だったという（八千〜一万という説もある）。一方の羽柴軍は約四万といわれていたので、光秀は数字の上では圧倒的に不利だった。信孝の号令により筒井順慶が出撃し、戦いは本格化した。

夜になると、光秀軍が秀吉軍を攻撃してきたため、これに対して反撃を行った。摂津衆の高山右近、中川清秀、池田恒興は地元の地理にも詳しく、羽柴方に戦いは有利に進んだ。摂津衆が活躍したのは、羽柴軍が中国大返しにより、疲労困憊していたことも一因かもしれない。こうして秀吉軍は、たちまち光秀軍を敗北へと追い込んだのである。当時の記録によると、光秀軍がすぐに負けた記述があることから（『兼見卿記』など）、短時間かつ秀吉軍の圧倒的な勝利であったと考えられる。

敗北した光秀軍は、勝竜寺城へ逃げ帰ったが、そこも羽柴方の軍勢に包囲されて即座に脱出した。光秀が連れたお供の数は、数人から数十人という少なさだった。光秀軍の一部は京都に流れ込み、大きな混乱を招くことになる。大敗北を喫した光秀は、自らの居城がある近江国坂本城を目指し、逃亡するしか術がなかった。坂本城で態勢を整え、再度秀吉との対決を期そうと考えたのだろうか。しかし、勝竜寺城を脱出した光秀の逃走経路については、残念ながら良質な史料では判明しない。

光秀の最期は、一般的にどのように描かれているのだろうか。同年六月十三日、光秀ら落武者の一行は、現在の伏見区小栗栖《おぐるす》へと差し掛かると、ここで意外な結末が待っていた。その頃、農民たちは落武者の所持品や首級を狙い、落武者狩りを行っていた。彼らは首級を持参することにより、恩賞を得ることができた。案の定、光秀らは竹藪で落武者狩りに遭い、無残にも非業の死を遂げたのである。光秀らの首は、京都粟田口《あわたぐち》（京都市東山区と左京区の境）に晒され、衆人の面前で辱めを受けた。多くの見物人が集まったという。

次に、良質とされる史料によって、光秀の最期を確認しておこう。『公卿補任』によると、六月十四日に光秀が醍醐《だいご》（京都市伏見区）の辺りに潜んでいるところを探し出されて斬首となり、本能寺で首を晒されたと記す。『言経卿記』はもっと具体的で、光秀が醍醐の辺りに潜んでいると、郷人が討ち取って、首を本能寺に献上したという。

光秀の家臣・斎藤利三は堅田（滋賀県大津市）に潜んでいるところを探し出され、京都市中を乗り物で移動し、六条河原で斬られた。なお、利三が車裂きにされたとする説もあるが、それは誤りである。七月二日、光秀と利三の首は残酷にも胴体と接続させて、粟田口で磔《はりつけ》にされたという。そのほか三千余の首については、首塚を築いたと書かれている。

『兼見卿記』の記述も具体的である。光秀が一揆（土民）に討ち取られたのは醍醐で、京都所司代・村井貞勝の一門衆で家臣の村井清三《せいぞう》が織田信孝のもとに首を持参した。その後、光秀の首は本能寺に晒されたという。斎藤利三の件は『言経卿記』と同じ内容で、堅田で捕らえたのは、近江の土豪・猪飼半左衛門である。光秀と利三の首が晒されたこと、首塚が築かれたことも『言経卿記』と同じ内容で、奉行を務めたのは桑原次右衛門と村井清三だった。なお、光秀と利三の首塚は、粟田口の東の路次の北に築かれたと記している。

以上のとおり、一次史料の記述には一貫性があり、従うべきであろう。その後、坂本城も炎上し、光秀の一族や家臣も非業の死を遂げたのである。

†光秀は単独犯だったのか

光秀はなぜ本能寺の変を起こしたのか。さまざまな黒幕説が成り立たない以上、現段階の結論としては、光秀の単独犯ということになる。光秀の単独犯といえば、「つまらない結論」ということになるが、前提として言えることは、光秀が信長に対して何らかの不安や不満を抱いていたのはたしかなことである。

光秀は明らかに信長から厚遇されていたが、ここまで見たとおり、休む間もなく戦いに次ぐ戦いを強いられていた。光秀は戦場で死ななかったが、原田（塙）直政のように非業の死を遂げる者もあった。あるいは、十分な軍功を挙げられず、追放された佐久間信盛、そして過去の失態を蒸し返されて失脚した林秀貞らのような部将も存在した。四国政策説には否定的な意見を示したが、それが決定的ではないにしても、長宗我部氏との交渉が心理的な負担になったことは十分に考えられる。光秀には、そのようないくつもの不安が積み重なっていたのではないだろうか。

信長は軍功を挙げた者には恩賞で報いるが、そうでなければおしまいである。光秀がその重圧に耐えることは、非常に苦しかったと推測される。従来の二次史料に基づく不安説は誤りであるが、実態に即した信長や光秀の関係を勘案すると、光秀は将来に漠然とした不安を抱いたことは容易に想像できる。荒木村重も連日のように転戦を強いられた一人である。村重もまた、不安に駆られて信長に叛旗を翻したのだろう。光秀も村重も外様であり、信長の信頼を得るには、軍功を挙げるしかなかった。

当時、信長に対して叛旗を翻す者は後を絶たず、畿内周辺だけでも、播磨別所氏、摂津伊丹氏、丹波波多野氏、大坂本願寺などが挙げられる。遠隔地では、甲斐武田氏、越後上杉氏、安芸毛利氏などが挙げられよう。もちろん、それ以外にも敵対勢力はいたので、信長を恐れていなかった（あるいは脅威ゆえに信長を排除すべきと考えた）大名は確実にいたのである。信長配下の部将は各地に送り込まれ、敵対する大名と戦っていた。光秀は反信長派の大名の姿を見て、心中に期するところがあったのではないだろうか。とはいえ、光秀は決して彼ら反信長派の大名とは、あらかじめ繫がっていなかった。

信長に敵対する大名らは、自身の支配地域内で挙兵し、織田軍の攻撃を受けて立った。光秀が彼らと決定的に違っていたのは、信長の居所だった本能寺を襲撃したことである。少なくとも光秀は、何らかの方法によって、信長がわずかな手勢で本能寺に入るという情報を得ていたのであろう。有力な諸将が遠隔地で戦っていることも有利に作用した。彼らが京都に押し寄せるまでには時間がかかると予測し、その間に畿内を固めれば、何とかなると思ったに違いない。本能寺の変は突発的に起こったのである。

そこで、光秀は一か八かという賭けに出たことになる。光秀は直接手を下し、信長を謀殺することによって、活路を開こうとしたのではなかったのか。つまり、信長が本能寺にいたことは、千載一遇のチャンスだった。こうした判断を下したのも、変の決行直前であったと考えられる。しかし、それが結果的にうまくいかなかったことは、すでに述べたとおりである。

逆に言えば、信長は光秀が謀叛を起こすなど、微塵も考えなかったに違いない。多くの軍勢を率いなかったのは、その証左ということができる。

いずれにしても、本能寺の変後の光秀の右往左往ぶりを見れば、とても政権構想や将来構想があったとは思えず、突発的な単独犯と言わざるを得ないのである。現段階における一次史料からは、少なくとも黒幕の存在を裏付けるものがないことを最後に指摘しておきたい。

おわりに

本や論文を書くといつも思うが、史料を読むのは難しい。『日本国語大辞典　第二版』（小学館）をひっくり返して、あれやこれや考えるが、それでも間違えることがある。史料を読む際に注意すべきは、史料に書かれていることを正確に読み取ることである。史料に書いていないことを勝手に「こうだろう」と想像して解釈したり、ましてや「この解釈なら自説に都合が良い」などというのはご法度である。

冒頭で述べたとおり、本能寺の変に関しては諸説あり、もはや史料の読解が関係ないような珍説・奇説があらわれている。私もかつて、某出版社から本能寺の変について執筆を誘われたことがあった。打ち合わせのときに編集者から「黒幕は誰だったと思いますか？」と尋ねられ、「光秀の単独犯でしょう」と答えた。すると、編集者から「結論が平凡すぎます。今まで候補になかった真犯人はいないのですか？」と聞かれた。もちろん、いない。結果、この話は流れた。

そういう意味で、本書は光秀の前半生を除いては、良質な史料や研究に基づき、可能な限り先入観を排して書いたつもりである。また、随所で二次史料に基づく見解を批判しているが、それはとても蓋然性なり何なりが担保されていないからである。黒幕説も同様である。人を十分に納得させるような論理展開も、また非常に難しいと痛感する。

なお、本書を執筆するに際しては、巻末の主要参考文献を参照させていただいた。しかし、一般書という性格・制約から、学術論文のように逐一注記することができなかった。読者諸賢にご海容のほどお願い申し上げたい。また、主要参考文献についても、紙幅の関係からかなり絞り込み、すべてを網羅することができなかったことを付記しておきたい。むろん、掲出した以外にも、多数の研究文献がある。

本書の執筆に際しては、筑摩書房編集部の松本良次氏に丁寧に原稿を読んでいただき、貴重なアドバイスを種々いただいた。この場を借りて、厚くお礼を申し上げる。

二〇一九年六月

渡邊大門

主要参考文献

秋澤繁「織豊期長宗我部氏の一断面――土佐一条家との関係（御所体制）をめぐって」『土佐史談』二一五号、二〇〇〇年
明智光秀文書研究会編「明智光秀文書目録」『近江地方史研究』三一号、一九九六年
浅利尚民ほか編『石谷家文書　側近のみた戦国乱世』吉川弘文館、二〇一五年
安部龍太郎ほか『真説　本能寺の変』集英社、二〇〇二年
天野忠幸「総論　阿波三好氏の系譜と動向」「三好政権と東瀬戸内」同編『阿波三好氏』岩田書院、二〇一二年
池上裕子『織田信長』吉川弘文館、二〇一二年
石崎建治「本能寺の変と上杉景勝――天正十年六月九日付景勝書状」『日本歴史』六八五号、二〇〇五年
今谷明『信長と天皇――中世的権威に挑む覇王』講談社学術文庫、二〇〇二年
遠藤珠紀「天正十年の改暦問題」東京大学史料編纂所編『日本史の森をゆく』中央公論新社、二〇一四年
岡野友彦『源氏と日本国王』講談社現代新書、二〇〇三年
奥野高廣『皇室御経済史の研究』（前編・後編）国書刊行会、一九八二年（初刊一九四四年）
奥野高廣『足利義昭』吉川弘文館、一九六〇年
奥野高廣『増訂織田信長文書の研究』（上・下・補遺）吉川弘文館、一九八八年
尾下成敏「羽柴秀吉勢の淡路・阿波出兵――信長・秀吉の四国進出過程をめぐって」『ヒストリア』二一四号、二〇〇九年
小和田哲男『明智光秀　つくられた謀叛人』ＰＨＰ新書、一九九八年

片山正彦「筒井順慶の「日和見」と大和国衆」『地方史研究』三九二号、二〇一八年
川元奈々「足利義昭・織田信長と京郊の在地社会――曇華院領山城国大住庄を事例として」『都市文化研究』一九号、二〇一七年
神田千里『織田信長』ちくま新書、二〇一四年
神田裕理「信長の「馬揃え」は、朝廷への軍事的圧力だったのか」日本史史料研究会監修・木下昌規「織田権力の京都支配」戦国史研究会編『織田権力の領域支配』岩田書院、二〇一一年
木下昌規「本能寺の変の黒幕説（朝廷・足利義昭）は成り立つのか」渡邊大門編『真実の戦国時代』柏書房、二〇一五年
桐野作人『真説　本能寺』学研M文庫、二〇〇一年
桐野作人『誰が信長を殺したか――本能寺の変・新たな視点』PHP新書、二〇〇七年
桐野作人『織田信長――戦国最強の軍事カリスマ』新人物文庫、二〇一四年
久野雅司「足利義昭政権と織田政権」『歴史評論』六四〇号、二〇〇三年
久野雅司「足利義昭政権論」『栃木史学』二三号、二〇〇九年
久野雅司『足利義昭と織田信長』戎光祥出版、二〇一七年
桑田忠親『明智光秀』新人物往来社、一九七二年
黒嶋敏「「光源院殿御代当参衆幷足軽以下衆覚」を読む――足利義昭の政権構想」『東京大学史料編纂所研究紀要』一四号、二〇〇四年
堺有宏「明智光秀と朝廷――本能寺の変前後の公武関係を通して」『七隈史学』一五号、二〇一三年
堺有宏「天正九年京都馬揃えと朝廷」『日本歴史』七八八号、二〇一四年
柴裕之「明智光秀は、なぜ「本能寺の変」を起こしたのか」日本史史料研究会監修『信長研究の最前線ここまでわかった「革新者」の実像』洋泉社歴史新書y、二〇一四年

柴辻俊六「明智光秀文書とその領域支配」同『織田政権の形成と地域支配』戎光祥出版、二〇一六年
鈴木眞哉・藤本正行『信長は謀略で殺されたのか——本能寺の変・謀略説を嗤う』洋泉社新書y、二〇〇六年
鈴木将典「明智光秀の領国支配」戦国史研究会編『織田権力の領域支配』岩田書院、二〇一一年
諏訪勝則「織豊政権と三好康長——信孝・秀次の養子入りをめぐって」天野忠幸編『阿波三好氏』岩田書院、二〇一二年
染谷光廣「織田政権と足利義昭の奉公衆・奉行衆との関係について」『国史学』一一〇・一一一合併号、一九八〇年
染谷光廣「本能寺の変の黒幕は足利義昭か」『別冊歴史読本　明智光秀　野望！　本能寺の変』新人物往来社、一九八九年
高柳光壽『明智光秀』吉川弘文館、一九五八年
立花京子「明智光秀花押の経年変化と光秀文書の年次比定」『古文書研究』四六号、一九九七年
立花京子『信長権力と朝廷　第二版』岩田書院、二〇〇四年
橘俊道「遊行三十一祖　京畿御修行記」『大谷学報』五二—一、一九七二年
谷口克広『検証　本能寺の変』吉川弘文館、二〇〇七年
谷口克広『織田信長家臣団辞典　第二版』吉川弘文館、二〇一〇年
谷口研語『明智光秀　浪人出身の外様大名の実像』洋泉社歴史新書y、二〇一四年
田端泰子「明智光秀の親族・家臣団と本能寺の変」『女性歴史文化研究所紀要』一八号、二〇一〇年
田端泰子「本能寺の変直後までの吉田兼和の生き方と交友関係——特に明智光秀、細川藤孝とのつながりを軸に」『京都橘大学研究紀要』四二号、二〇一六年
津田勇「愛宕百韻に隠された光秀の暗号」『歴史群像』四月号、一九九四年

土田将雄「細川藤孝と明智光秀――『明智軍記』考」『上智大学国文学科紀要』一号、一九八四年
土田将雄『細川幽斎の研究』笠間書院、一九七六年
土田将雄『細川幽斎の研究　続』笠間書院、一九九四年
中脇聖「土佐一条兼定権力の特質について」『十六世紀史論叢』二号、二〇一三年
中脇聖「明智光秀の出自は土岐氏なのか」渡邊大門編『真実の戦国時代』柏書房、二〇一五年
橋本政宣『近世公家社会の研究』吉川弘文館、二〇〇二年
長谷川弘道「明智光秀の近江・丹波経略」二木謙一編『明智光秀のすべて』新人物往来社、一九九四年
平野明夫「織田・徳川同盟は強固だったのか」日本史史料研究会編『信長研究の最前線』洋泉社歴史新書y、二〇一四年
福島克彦「織豊期城郭の地域的展開――明智光秀の丹波支配と城郭」村田修三編『中世城郭論集』新人物往来社、一九九〇年
福島克彦「十八ヵ条に及ぶ詳細な規定　織田政権唯一の〝緻密〟軍法」『俊英　明智光秀――才気迸る霹靂の智将』学研、二〇〇二年
藤井讓治「大阪青山短期大学所蔵「梶又左衛門宛織田氏宿老連署状」をめぐって」『福井県文書館研究紀要』五号、二〇〇八年
藤井讓治「阿波出兵をめぐる羽柴秀吉書状の年代比定」『織豊期研究』一六号、二〇一四年
藤田達生『本能寺の変の群像――中世と近世の相克』雄山閣出版、二〇〇一年
藤田達生『謎解き本能寺の変』講談社現代新書、二〇〇三年
藤田達生「「鞆幕府」論」『芸備地方史研究』二六七号、二〇一〇年
藤田達生『証言　本能寺の変――史料で読む戦国史』八木書店、二〇一〇年
藤田達生『信長革命――「安土幕府」の衝撃』角川選書、二〇一〇年

藤本正行『本能寺の変――信長の油断・光秀の殺意』洋泉社歴史新書y、二〇一〇年
藤田達生・福島克彦編『明智光秀　史料で読む戦国史③』八木書店、二〇一五年。特に参考にした論考は次の通り。小久保嘉紀「明智光秀の書札礼」、山田康弘「戦国政治と足利将軍」、福島克彦「明智光秀と小畠永明――織田権力期における丹波の土豪」、藤田達生「織田停戦令と派閥抗争」、同「本能寺の変研究の新段階――「石谷家文書」の発見」、同「足利義昭の上洛戦――「石谷家文書」を読む」
堀新『織豊期王権論』校倉書房、二〇一一年
堀新「明智光秀「家中軍法」をめぐって」山本博文編『法令・人事から見た近世政策決定システムの研究』東京大学史料編纂所、二〇一五年
堀越祐一「文禄期における豊臣蔵入地――関白秀次蔵入地を中心に」『豊臣政権の権力構造』吉川弘文館、二〇一六年
水野嶺「足利義昭の栄典・諸免許の授与」『国史学』二一一号、二〇一三年
三宅唯美「室町幕府奉公衆土岐明智氏の基礎的整理」『愛知考古学談話会マージナル』九号、一九八八年
盛本昌広『本能寺の変　史実の再検証』東京堂出版、二〇一六年
山田康弘「戦国期幕府奉行人奉書と信長朱印状」『古文書研究』六五号、二〇〇八年
歴史読本編集部編『ここまでわかった！　明智光秀の謎』KADOKAWA、二〇一四年。特に参考にした論考は次の通り。早島大祐「徹底追跡！　明智光秀の生涯」、桐野作人「〝文化人〟としての光秀」、山田康弘「光秀の二人の主君――織田信長と足利義昭」、中脇聖「長宗我部氏から見た本能寺の変」、尾下成敏「信長を脅かした瀬戸内の細川・三好勢力」、渡邊大門「虚飾に満ちた光秀の「動機」の数々」。
山本博文「明智光秀の史料学」『続日曜日の歴史学』東京堂出版、二〇一三年
渡邊大門『信長政権――本能寺の変にその正体を見る』河出ブックス、二〇一三年
渡邊大門「中国大返し再考」『真実の戦国時代』柏書房、二〇一五年

渡邊大門編『信長研究の最前線2　まだまだ未解明な「革新者」の実像』洋泉社歴史新書y、二〇一七年
渡邊大門「中国大返し再々考」『十六世紀史論叢』一〇号、二〇一八年
渡邊大門「足利義昭黒幕説をめぐる史料について」『研究論集　歴史と文化』四号、二〇一九年
渡邊大門「丹波八上城の攻防をめぐる一考察」同編『戦国・織豊期の政治と経済』歴史と文化の研究所、二〇一九年

ちくま新書
1426

明智《あけち》光秀《みつひで》と本能寺《ほんのうじ》の変《へん》

二〇一九年八月一〇日　第一刷発行

著者　渡邊大門（わたなべ・だいもん）
発行者　喜入冬子
発行所　株式会社 筑摩書房
東京都台東区蔵前二-五-三　郵便番号一一一-八七五五
電話番号〇三-五六八七-二六〇一（代表）
装幀者　間村俊一
印刷・製本　株式会社 精興社

ISBN978-4-480-07241-2 C0221

ちくま新書

1290 流罪の日本史　渡邊大門
地位も名誉も財産も剝奪された罪人は、縁もゆかりもない遠隔地でどのように生き延びたのか。彼らの罪とは。事件の背後にあった、闘争と策謀の壮絶なドラマとは。

1293 西郷隆盛 ——手紙で読むその実像　川道麟太郎
西郷の手紙を丹念に読み解くと、多くの歴史家がその人物像を誤って描いてきたことがわかる。徹底した考証に基づき生涯を再構成する、既成の西郷論への挑戦の書。

1093 織田信長　神田千里
信長は「革命児」だったのか？　近世へ向けて価値観が大転換した戦国時代、伝統的権威と協調し諸大名や世間の評判にも敏感だった武将の像を、史実から描き出す。

734 寺社勢力の中世 ——無縁・有縁・移民　伊藤正敏
最先端の技術、軍事力、経済力を持ちながら、同時に、国家の論理、有縁の絆を断ち切る中世の「無縁」所。第一次史料を駆使し、中世日本を生々しく再現する。

618 百姓から見た戦国大名　黒田基樹
生存のために武器を持つ百姓。領内の安定に配慮する大名。乱世に生きた武将と庶民のパワーバランスとは——。戦国時代の権力構造と社会システムをとらえなおす。

1294 大坂　民衆の近世史 ——老いと病・生業・下層社会　塚田孝
江戸時代に大坂の庶民に与えられた「褒賞」の記録を読みとくと、今は忘れられた市井の人々のドラマが見えてくる。大坂の町と庶民の暮らしがよくわかる一冊。

1369 武士の起源を解きあかす ——混血する古代、創発される中世　桃崎有一郎
武士はどこでどうやって誕生したのか。日本を長期間統治した彼らのはじまりは「諸説ある」として不明とされていた。古代と中世をまたぎ、日本史最大級の謎に挑む。